educamos·sm

Caro aluno, seja bem-vindo à sua plataforma do conhecimento!

A partir de agora, você tem à sua disposição uma plataforma que reúne, em um só lugar, recursos educacionais digitais que complementam os livros impressos e são desenvolvidos especialmente para auxiliar você em seus estudos. Veja como é fácil e rápido acessar os recursos deste projeto.

1 Faça a ativação dos códigos dos seus livros.

Se você NÃO tiver cadastro na plataforma:

- Para acessar os recursos digitais, você precisa estar cadastrado na plataforma educamos.sm. Em seu computador, acesse o endereço <**br.educamos.sm**>.
- No canto superior direito, clique em "**Primeiro acesso? Clique aqui**". Para iniciar o cadastro, insira o código indicado abaixo.
- Depois de incluir todos os códigos, clique em "**Registrar-se**" e, em seguida, preencha o formulário para concluir esta etapa.

Se você JÁ fez cadastro na plataforma:

- Em seu computador, acesse a plataforma e faça o *login* no canto superior direito.
- Em seguida, você visualizará os livros que já estão ativados em seu perfil. Clique no botão "**Adicionar livro**" e insira o código abaixo.

Este é o seu código de ativação! → **DVRCP-MCQBR-ADBHP**

2 Acesse os recursos.

Usando um computador

Acesse o endereço <**br.educamos.sm**> e faça o *login* no canto superior direito. Nessa página, você visualizará todos os seus livros cadastrados. Para acessar o livro desejado, basta clicar na sua capa.

Usando um dispositivo móvel

Instale o aplicativo **educamos.sm**, que está disponível gratuitamente na loja de aplicativos do dispositivo. Utilize o mesmo *login* e a mesma senha da plataforma para acessar o aplicativo.

Importante! Não se esqueça de sempre cadastrar seus livros da SM em seu perfil. Assim, você garante a visualização dos seus conteúdos, seja no computador, seja no dispositivo móvel. Em caso de dúvida, entre em contato com nosso canal de atendimento pelo **telefone 0800 72 54876** ou pelo **e-mail** atendimento@grupo-sm.com.

01751

LIVRO AJ CIENCIAS 3 (LA) ED 2018

Aprender juntos

3

3º ano

CIÊNCIAS

ENSINO FUNDAMENTAL

ORGANIZADORA: EDIÇÕES SM
Obra coletiva concebida, desenvolvida e produzida por Edições SM.

São Paulo, 6ª edição, 2017

Aprender Juntos Ciências 3
© Edições SM Ltda.
Todos os direitos reservados

Direção editorial	M. Esther Nejm
Gerência editorial	Cláudia Carvalho Neves
Gerência de *design* e produção	André Monteiro
Edição executiva	Robson Rocha
	Edição: André Henrique Zamboni, Carolina Santos Taqueda, Juliana R. F. de Souza, Marcio Guilherme Bronzato de Avellar, Marcelo Viktor Gilge, Nathália Fernandes de Azevedo, Regina Soares e Silva, Tatiana Novaes Vetillo
	Colaboração técnico-pedagógica: Lilian Morato de Carvalho Martinelli
Suporte editorial	Alzira Bertholim, Fernanda Fortunato, Giselle Marangon, Talita Vieira, Silvana Siqueira
Coordenação de preparação e revisão	Cláudia Rodrigues do Espírito Santo
	Preparação e revisão: Angélica Lau P. Soares, Cecília Farias, Eliana Vila Nova de Souza, Eliane Santoro, Fátima Valentina Cezare Pasculli, Izilda de Oliveira Pereira
	Apoio de equipe: Beatriz Nascimento, Camila Durães Torres
Coordenação de *design*	Gilciane Munhoz
	***Design*:** Tiago Stéfano
Coordenação de arte	Ulisses Pires, Juliano de Arruda Fernandes, Melissa Steiner Rocha Antunes
	Edição de arte: Fernando Cesar Fernandes, Gabriela dos S. Rodrigues
Coordenação de iconografia	Josiane Laurentino
	Pesquisa iconográfica: Susan Eiko
	Tratamento de imagem: Marcelo Casaro
Capa	João Brito, Gilciane Munhoz
	Ilustração da capa: A mascoteria
Projeto gráfico	Estúdio Insólito
Editoração eletrônica	Studio Layout
Ilustrações	Al Stefano, André Aguiar, Bruna Ishihara, BUGBITE, Cecilia Iwashita, Dawidson, Giz de Cera/Tél Coelho, Hiroe Sasaki, Ilustra Cartoon, Mãe Joana House, Marcelo Lopes, Oswaldo Sequetin, Paulo Cesar Pereira, Vanessa Alexandre, Vicente Mendonça
Cartografia	João Miguel A. Moreira
Fabricação	Alexander Maeda
Impressão	Ricargraf

Elaboração de originais

Carolina Santos Taqueda
Bacharela e licenciada em Ciências Biológicas pelo Instituto de Biociências da Universidade de São Paulo (conclusão em 2006). Mestra em Ciências (área de concentração: Ecologia) pelo Instituto de Biociências da Universidade de São Paulo (conclusão em 2010). Editora e elaboradora de conteúdo para livros didáticos no Ensino Fundamental I, no Ensino Fundamental II e no Ensino Médio.

Dados Internacionais de Catalogação na Publicação (CIP)
(Câmara Brasileira do Livro, SP, Brasil)

Aprender juntos ciências, 3º ano : ensino fundamental / organizadora Edições SM ; obra coletiva concebida, desenvolvida e produzida por Edições SM ; editor responsável Robson Rocha. — 6. ed. — São Paulo : Edições SM, 2017. — (Aprender juntos)

Suplementado pelo manual do professor.
Vários autores.
Bibliografia.
ISBN 978-85-418-1913-8 (aluno)
ISBN 978-85-418-1914-5 (professor)

1. Ciências (Ensino fundamental) I. Rocha, Robson. II. Série.

17-09290   CDD-372.35

Índices para catálogo sistemático:
1. Ciências : Ensino fundamental 372.35

6ª edição, 2017
2ª impressão, janeiro 2019

Edições SM Ltda.
Rua Tenente Lycurgo Lopes da Cruz, 55
Água Branca 05036-120 São Paulo, SP, Brasil
Tel. 11 2111-7400
edicoessm@grupo-sm.com
www.edicoessm.com.br

Apresentação

Caro aluno,

Este livro foi cuidadosamente pensado para ajudá-lo a construir uma aprendizagem sólida e cheia de significados que lhe sejam úteis não somente hoje, mas também no futuro. Nele, você vai encontrar estímulos para criar, expressar ideias e pensamentos, refletir sobre o que aprende, trocar experiências e conhecimentos.

Os temas, os textos, as imagens e as atividades propostos neste livro oferecem oportunidades para que você se desenvolva como estudante e como cidadão, cultivando valores universais como responsabilidade, respeito, solidariedade, liberdade e justiça.

Acreditamos que é por meio de atitudes positivas e construtivas que se conquistam autonomia e capacidade para tomar decisões acertadas, resolver problemas e superar conflitos.

Esperamos que este material didático contribua para seu desenvolvimento e para sua formação.

Bons estudos!

Equipe editorial

Conheça seu livro

Conhecer seu livro didático vai ajudar você a aproveitar melhor as oportunidades de aprendizagem que ele oferece.

Este volume contém doze capítulos. Veja como cada capítulo está organizado.

Abertura de capítulo

Essa página marca o início de um capítulo. Textos, imagens variadas e atividades vão fazer você pensar e conversar previamente sobre os temas que serão desenvolvidos ao longo do capítulo.

Desenvolvimento do assunto

Os textos, as imagens e as atividades destas páginas vão permitir que você compreenda o conteúdo que está sendo apresentado.

Na prática

Essa seção inclui atividades práticas que envolvem a observação de fenômenos e o levantamento de suposições.

Glossário

Ao longo do livro, você vai encontrar uma breve explicação de algumas palavras e expressões que talvez você não conheça.

Sugestão de *site*

As sugestões de *sites* permitem explorar e aprofundar os conhecimentos relacionados aos temas estudados.

4 quatro

Finalizando o capítulo

No fim dos capítulos, há seções que buscam ampliar seus conhecimentos sobre a leitura de imagens, a diversidade cultural e os conteúdos abordados no capítulo.

A seção **Vamos ler imagens!** propõe a análise de uma ou mais imagens e é acompanhada de atividades que vão ajudar você a compreender diferentes tipos de imagem.

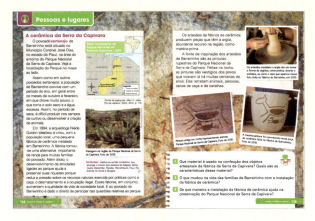

Na seção **Pessoas e lugares** você vai conhecer algumas características culturais de diferentes comunidades.

As atividades da seção **Aprender sempre** são uma oportunidade para você verificar o que aprendeu, analisar os assuntos estudados em cada capítulo e refletir sobre eles.

Material complementar

No final do livro, você vai encontrar Material complementar para usar em algumas atividades.

Ícones usados no livro

 Atividade oral

 Atividade em dupla

 Atividade em grupo

 Cores-fantasia

 Saber ser
Sinaliza momentos propícios para professor e alunos refletirem sobre questões relacionadas a valores.

Representação sem proporção de tamanho e/ou distância entre os elementos.

 Escala
Informa os valores médios de comprimento, largura ou altura do ser vivo mostrado na foto.

 Recurso digital

Sumário

CAPÍTULO 1 — O Sistema Solar › 8

Os planetas do Sistema Solar › 9
Outros astros do Sistema Solar › 11
Cometas e meteoroides › 11
Os planetas-anões › 11
As constelações › 12
Uma breve história das constelações › 12
Na prática: Olhando os astros no céu › 14
O céu diurno visto da Terra › 16
Astros vistos de dia › 16
O céu noturno visto da Terra › 17
Astros vistos à noite › 17
Aprender sempre › 18

CAPÍTULO 2 — Como é a Terra › 20

A Terra por dentro e por fora › 21
A superfície da Terra › 21
O interior do planeta › 22
Rochas e solos › 23
A formação do solo › 24
Na prática: Características dos solos › 25
A importância do solo para os seres vivos › 26
A importância do solo para os seres humanos › 26
Impactos das atividades humanas nos solos › 27
Vamos ler imagens!
As funções do solo representadas em um infográfico › 28
Aprender sempre › 30

CAPÍTULO 3 — Animais vertebrados › 32

O corpo dos animais vertebrados › 33
Os grupos de animais vertebrados › 34
Peixes › 34
Anfíbios › 35
Répteis › 36
Aves › 37
Mamíferos › 38
Pessoas e lugares
Museu Nacional: pesquisar, aprender e brincar › 40
Aprender sempre › 42

CAPÍTULO 4 — Animais invertebrados › 44

Invertebrados terrestres › 45
No solo › 45
No ar › 45
Insetos sociais › 46
Invertebrados microscópicos › 46
Invertebrados aquáticos › 47
Na água doce › 47
Na água salgada › 48
Na prática: Como é possível andar sobre a água? › 49
Os invertebrados e os outros seres vivos › 50
Invertebrados parasitas › 51
Aprender sempre › 52

CAPÍTULO 5 — A reprodução dos animais › 54

Como os animais se reproduzem › 55
Reprodução com macho e fêmea › 55
Reprodução sem parceiro › 56
Como os animais nascem › 57
Animais que nascem do corpo da mãe › 57
Animais que nascem de ovos › 58
O desenvolvimento dos animais › 60
Metamorfose › 60
Vamos ler imagens!
O *Aedes aegypti* na mira do microscópio de luz › 62
Aprender sempre › 64

CAPÍTULO 6 — As plantas › 66

O ciclo de vida das plantas › 67
Na prática: Germinação do feijão e do alpiste › 68
Os grupos de plantas › 70
Plantas sem sementes › 70
Plantas com sementes › 70
A vida das plantas › 73
A fotossíntese › 73
A respiração › 74
A transpiração › 75
Aprender sempre › 76

CAPÍTULO 7 — As plantas se reproduzem › 78

A reprodução das plantas › 79
Reprodução sem sementes › 80
Na prática: Brotar batatas em garrafas › 81
Reprodução com sementes › 82
Partes da flor › 82
Polinização › 83
Como as sementes se espalham › 84
Surgimento de uma nova planta › 85
Pessoas e lugares
Alimento e cura: pecuaristas familiares e as plantas › 86
Aprender sempre › 88

CAPÍTULO 8 — A importância das plantas › 90

As plantas produzem alimento › 91
As plantas fornecem materiais e abrigo › 92
O uso das plantas pelos seres humanos › 94
Plantas cultivadas › 94
Plantas coletadas › 94
Os deliciosos vegetais › 95
Os tecidos que vestimos › 96
Madeira para construir › 96
O uso do papel no dia a dia › 97
Pessoas e lugares
Os brinquedos de Abaetetuba › 98
Aprender sempre › 100

CAPÍTULO 9 — O corpo humano › 102

Partes do corpo humano › 103
Alguns órgãos internos › 103
Examinando o corpo por dentro › 105
O revestimento do corpo › 107
Funções da pele › 107
Cuidados com a pele › 108
Anexos da pele › 109
Aprender sempre › 110

CAPÍTULO 10 — O corpo muda com o tempo › 112

As fases da vida › 113
Antes do nascimento › 115
Na prática: O meu corpo está mudando? › 116
O tempo passa para todos os animais › 118
Como os animais mudam › 118
Vamos ler imagens!
Pictogramas › 120
Aprender sempre › 122

CAPÍTULO 11 — Os materiais que nos cercam › 124

Tipos de material › 125
Materiais do dia a dia › 126
Argila › 126
Metais › 127
Vidro › 127
Plástico › 128
Na prática: O som dos objetos › 129
Os materiais e a água › 130
Na prática: Permeável ou impermeável? › 131
Os materiais e a luz › 132
Na prática: A luz e os objetos › 133
Pessoas e lugares
A cerâmica da Serra da Capivara › 134
Aprender sempre › 136

CAPÍTULO 12 — Invenções › 138

De onde vêm as invenções? › 139
As invenções que usamos no dia a dia › 140
As invenções e a alimentação › 140
As invenções e a comunicação › 141
As invenções e os meios de transporte › 142
As invenções e a energia elétrica › 143
Modos de produção › 144
A produção artesanal › 144
A produção industrial › 145
Vamos ler imagens!
Fotografias aéreas › 146
Aprender sempre › 148

Sugestões de leitura › 150
Bibliografia › 152
Material complementar › 153

CAPÍTULO 1
O Sistema Solar

Nossos antepassados provavelmente admiravam o céu e se perguntavam: Por que as estrelas não caem? Por que o dia e a noite existem? Para onde vai o Sol quando anoitece? O Júnior e a Janaína estão fazendo questionamentos como esses.

► Você gosta de admirar o céu? Por quê?

► Pense a respeito da dúvida do Júnior. Qual seria sua resposta para ele?

► Qual seria sua opinião sobre a curiosidade de Janaína?

► Você acha que o ambiente em que eles estão é adequado para a visualização do céu noturno? Por quê?

Os planetas do Sistema Solar

O Sistema Solar é formado por uma estrela (o Sol) e pelos astros a seu redor. Planetas, satélites, cometas, asteroides e meteoroides são astros que compõem esse sistema. Eles são todos menores que o Sol.

Oito planetas fazem parte do Sistema Solar: Mercúrio, Vênus, Terra, Marte, Júpiter, Saturno, Urano e Netuno, na ordem do mais próximo ao mais distante do Sol. Observe, na imagem abaixo, a posição aproximada dos planetas no Sistema Solar.

Representação do Sol e dos planetas do Sistema Solar. As linhas são imaginárias e servem para indicar a órbita dos planetas, isto é, a trajetória que cada um deles faz em torno do Sol. As órbitas são praticamente elípticas.

Fonte de pesquisa: Nasa. Disponível em: <https://solarsystem.nasa.gov/>. Acesso em: 13 set. 2017.

Mercúrio, Vênus, Terra e Marte são formados, em grande parte, por rochas, por isso são chamados **planetas rochosos**. Júpiter, Saturno, Urano e Netuno são chamados de **planetas gasosos** porque são formados principalmente por gases; eles são muito maiores que a Terra e apresentam anéis constituídos de pedaços de gelo e rochas.

Mercúrio é o planeta mais próximo do Sol e o menor do Sistema Solar. Nesse planeta, a temperatura varia muito durante o dia (quando faz muito calor) e durante a noite (quando faz muito frio). **Vênus** é um planeta vizinho da Terra e tem quase o mesmo tamanho que ela. É envolto por muitos gases, o que faz com que brilhe intensamente quando recebe luz do Sol. É o planeta mais quente do Sistema Solar. A **Terra** é o planeta que habitamos e o único em que, até onde sabemos, existe vida tal como a conhecemos. A superfície da Terra é parcialmente coberta de água líquida. **Marte**, também chamado de planeta vermelho, é menor que sua vizinha Terra. Sua superfície é desértica, coberta de rochas e areia. **Júpiter** é o maior planeta do Sistema Solar. Dentro dele caberiam cerca de 1 300 planetas Terra. A seu redor, existem finos anéis. **Saturno** é o segundo maior planeta do Sistema Solar e famoso por seus exuberantes anéis formados por poeira, pedaços de rochas e gelo. **Urano** é o terceiro maior planeta do Sistema Solar, tem coloração azul-esverdeada e anéis finos. **Netuno** é o planeta mais afastado do Sol. Nele ocorrem os ventos mais fortes de todo o Sistema Solar. Netuno tem coloração azul e anéis muito finos.

Planeta Mercúrio. Imagem obtida pela missão Mariner 10 em 1975.

Planeta Vênus. Imagem obtida pela sonda Pioneer em 1979.

Planeta Terra. Imagem obtida pela missão Apollo 17 em 1972.

Planeta Marte. Imagem obtida pelo telescópio espacial Hubble em 1997.

Planeta Júpiter. Imagem obtida pela sonda Cassini em 2000.

Planeta Saturno. Imagem obtida pela sonda espacial Voyager 2 em 1981.

Planeta Urano. Imagem obtida pela sonda espacial Voyager 2 em 1986.

Planeta Netuno. Imagem obtida pela sonda Voyager 2 em 1989.

Outros astros do Sistema Solar

Além dos planetas e do Sol, outros astros fazem parte do Sistema Solar. Vamos conhecer alguns deles a seguir.

Cometas e meteoroides

Cometas são corpos formados por rocha e gelo. Quando passam mais próximos do Sol, o gelo e a poeira viram vapor e se desprendem do cometa, virando um rastro. A luz do Sol é refletida nesse rastro e por isso vemos o que chamamos de cauda do cometa.

Os **asteroides** e **meteoroides** são grandes rochas. A diferença entre eles é o tamanho: se forem muito grandes são asteroides; se forem menores, são meteoroides. À medida que os meteoroides se aproximam da Terra, eles "pegam fogo", ao passar pela atmosfera, e podem produzir o efeito luminoso de um rastro brilhante no céu. Esse rastro luminoso é conhecido como meteoro.

Os cometas brilham ao se aproximarem do Sol. Imagem do cometa Hale-Bopp, fotografado no Havaí em 1997.

Os planetas-anões

O Sistema Solar contém ainda cinco planetas-anões, com massa muito menor que a dos planetas. Eles também giram ao redor do Sol, mas, diferentemente dos planetas, podem encontrar outros astros em sua órbita.

Até o ano de 2006, os astrônomos consideravam Plutão um planeta. Atualmente, ele é classificado como um planeta-anão.

Imagem do planeta-anão Plutão obtida por meio de um telescópio.

1 O Sistema Solar se organiza ao redor de qual astro? Indique com um **X**.

☐ Terra.   ☐ Sol.   ☐ Lua.

As constelações

Uma **constelação** é uma região do céu onde se encontra um determinado grupo de estrelas. Dentro desse grupo, as estrelas são definidas e identificadas pela intensidade do seu brilho.

Observe um exemplo nas imagens abaixo, que mostram a constelação do Cruzeiro do Sul.

A imagem **A** mostra a constelação do Cruzeiro do Sul como é vista no céu. Na imagem **B**, foram incluídas linhas para mostrar que ela forma o desenho de uma cruz. Além disso, a estrela da extremidade inferior aponta sempre para o sul.

Uma breve história das constelações

Pelo menos 50 constelações foram mapeadas nas antigas Grécia e Roma e no Oriente Médio, há muitos **séculos**.

No século 2, o astrônomo grego Cláudio Ptolomeu (que viveu entre 127 e 145 depois de Cristo) catalogou 48 constelações. Ele se baseou nos trabalhos do também grego Eudóxio de Cnido (que viveu entre 408 e 355 antes de Cristo).

Muitas das constelações do **hemisfério Sul** foram mapeadas somente quando os navegadores europeus começaram a explorar o que havia abaixo da **linha do Equador**. E isso só foi acontecer no final do século 17.

O mapeamento das 88 constelações tal como conhecemos atualmente foi definido pela União Astronômica Internacional (UAI) em 1929, já no século 20. Desse total, 52 delas estão no hemisfério Sul e podem ser vistas do Brasil.

Século: longos períodos de tempo podem ser contados em séculos. Um século é um período de cem anos.
Hemisfério Sul: é a metade da esfera do planeta Terra que está localizada entre a linha do Equador e o polo Sul.
Linha do Equador: linha imaginária que divide o globo terrestre em duas metades iguais. No Brasil, a linha do Equador "corta" os estados do Pará, Roraima, Amazonas e Amapá, todos ao norte do país.

As constelações e os povos antigos

Muitos povos antigos marcavam a passagem do tempo com base na observação das constelações. Por exemplo, a constelação de Escorpião fica mais visível no **hemisfério Norte** entre os dias 21 de junho e 23 de setembro. Então, de acordo com o modo como eram vistas as constelações no céu – se com maior ou menor clareza –, era possível prever e mapear alguns ciclos naturais. Assim, sabia-se se era boa ou não a época para o plantio, para a caça ou a pesca, por exemplo.

> **Hemisfério Norte:** é a metade da esfera do planeta Terra que está localizada entre a linha do Equador e o polo Norte.

No imaginário dos povos antigos, as constelações formavam diferentes figuras, como as de animais ou de seres mitológicos. Alguns pesquisadores supõem que as diferentes histórias associadas às constelações foram inventadas para a melhor memorização desses diferentes grupos de estrelas.

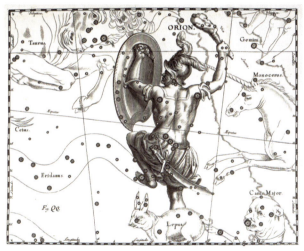

Gravura de Órion, gigante caçador da mitologia grega. Retirada do mapa celeste de Johannes Hevelius, de 1690.

Constelação de Órion no céu noturno, com traçado evidenciando a figura formada por suas principais estrelas.

Hoje, os astrônomos usam as constelações para identificar partes específicas do céu. Existem estrelas que são pontos de referência para o direcionamento de equipamentos de navegação espacial.

 Céu da semana. Laboratório Aberto de Interatividade da Universidade Federal de São Carlos
Disponível em: <http://www.labi.ufscar.br/2016/06/18/ceu-da-semana/>. Acesso em: 13 set. 2017.

Esse *site* disponibiliza vídeos todas as semanas com dicas sobre como observar o céu, destacando as constelações mais visíveis no período.

Na prática

Olhando os astros no céu

Que astros podem ser vistos no céu a olho nu, ou seja, sem a ajuda de nenhum instrumento de ampliação? Isso varia dependendo do horário da observação? Vamos verificar essas questões na atividade a seguir.

Você vai precisar de:

- nenhum material

Experimente

1. Com a ajuda de um adulto que more com você, determine em que direção o Sol nasce (leste) e onde ele se põe (oeste) tendo como referência a sua casa.

2. Com a ajuda do professor, determine onde o Sol se põe tendo como referência o local de observação que será adotado na escola em que você estuda.

3. Agora, vamos observar o céu durante o dia para tentar visualizar o planeta Vênus. Ele pode aparecer em dois períodos: logo pela manhã, pouco antes de o Sol nascer, ou à tardinha, pouco depois de o Sol se pôr, mas nunca duas vezes no mesmo dia.

4. Em um dia escolhido, acorde um pouquinho antes de o Sol nascer e olhe para o leste. Procure um ponto bem brilhante: Vênus é o terceiro ponto mais brilhante no céu, depois do Sol e da Lua. Anote no caderno a data, a hora e o que você observou.

5. Se você não encontrou nenhum ponto muito brilhante no passo **4**, observe o céu logo à tardinha nesse mesmo dia, pouco depois de o Sol se pôr, em casa ou na escola. Vênus se põe um pouco depois do Sol, a oeste, e é visto como um ponto muito brilhante no céu. Registre novamente a data e o que você observou.

6. Repita os passos **4** e **5** em mais duas semanas diferentes. Anote novamente a data, a hora e o que você observou.

7. Depois, vamos observar o céu durante o dia para tentar visualizar a Lua. Ela pode aparecer no céu diurno em alguns períodos do mês: durante as fases quarto minguante (quando nasce à meia-noite e se põe ao meio-dia) e quarto crescente (quando nasce ao meio-dia e se põe à meia-noite). Com a ajuda do professor, escolha uma semana em que a Lua esteja em alguma dessas duas fases.

8. Escolha um dia e observe o céu diurno para tentar visualizar a Lua nos seguintes períodos: entre 6 e 8 horas da manhã, e entre 4 e 6 horas da tarde. Registre no caderno a data, a hora e o que você observou. Se possível, desenhe o aspecto da Lua no céu.

9. Por fim, escolha um dia para observar o céu noturno, na companhia de um adulto, de preferência após às 9 horas da noite. Registre no caderno o horário, a data e o que você observou.

10. Repita o passo **8** em uma semana diferente.

Responda

1. Em qual dos quatro períodos do dia você mais gostou de observar o céu? Por quê?

2. Você notou alguma diferença no céu nos diferentes períodos de observação? Se sim, qual (ou quais)? Responda no caderno.

3. Que astros você pôde ver, a olho nu, durante o dia?

4. Que astros você pôde ver, a olho nu, durante a noite?

5. Os pontos brilhantes que você viu durante a noite eram todos do mesmo tipo de astro? Se não eram, como você os diferenciou?

6. Com base nas observações que você fez, desenhe, em uma folha avulsa, o céu diurno e o céu noturno.

Instituto de Astronomia, Geofísica e Ciências Atmosféricas da Universidade de São Paulo
Disponível em: <http://www.iag.usp.br/astronomia/nascer-e-ocaso-do-sol>. Acesso em: 13 set. 2017.

Nesse *link*, é possível consultar os horários do nascer e do pôr do Sol em cada dia do ano.

O céu diurno visto da Terra

No período do dia, o Sol aparece no céu e ilumina e aquece a superfície da Terra. O período do dia é marcado do momento em que o Sol nasce até quando ele se põe no céu.

Se olharmos para o céu durante o dia, poderemos ver a predominância da cor azul, nuvens esbranquiçadas, pássaros e alguns indícios de atividade humana, como pipas, aviões e balões.

Céu diurno com nuvens e uma pipa.

Astros vistos de dia

São poucos os astros que podem ser vistos no céu diurno, a olho nu, porque a luz do Sol os **ofusca**.

Perto do momento em que o Sol se põe, antes de escurecer, ou também quando está amanhecendo, é possível, às vezes, ver a Lua no céu. Com mais dificuldade, podemos enxergar o planeta Vênus, também chamado de estrela--d'alva ou estrela da manhã.

O nascer do sol em uma plantação em Santa Mariana, Paraná. Foto de 2017.

> **Atenção!**
> A luz do Sol é muito intensa. Nunca olhe diretamente para ele sem usar filtros especiais profissionais para diminuir a intensidade de sua luz. Você pode machucar seriamente seus olhos.

Ofuscar: tornar algo menos visível.

1 Retome os resultados obtidos na atividade das páginas 14 e 15 referentes à observação do céu diurno. O que há de semelhante e de diferente entre o que você registrou e o que é descrito nesta página? Converse com os colegas.

O céu noturno visto da Terra

No período da noite, o Sol não é visto no céu da Terra. A noite vai do momento em que o Sol se põe até quando ele nasce no céu.

Quando olhamos para o céu durante a noite, podemos ver a predominância de cores escuras, algumas nuvens (que podem deixar a cor escura do céu com aspecto leitoso) e, às vezes, as luzes coloridas dos aviões que estão em pleno voo (elas piscam e se movem rapidamente).

Céu noturno visto em zona rural de Londrina, Paraná. Foto de 2016.

Astros vistos à noite

Em geral, à medida que o Sol se põe, a Lua se destaca no céu noturno.

Quanto mais escuro e com menos nuvens o céu estiver, mais fácil será visualizar diversos pontos brilhantes. A maioria deles são estrelas. O brilho das estrelas não é fixo: elas cintilam, ou seja, piscam. As estrelas variam de cor, brilho e tamanho.

Cometas e meteoros podem ser vistos, mais raramente, riscando o céu. A olho nu, podemos também ver cinco planetas do Sistema Solar: Mercúrio, Vênus, Marte, Júpiter e Saturno. Eles aparecem como pequenos pontos luminosos no céu, semelhantes a estrelas. Embora não produzam luz, os planetas brilham porque são iluminados pelo Sol. O mais brilhante deles é Vênus. O brilho dos planetas é fixo, ou seja, eles não cintilam.

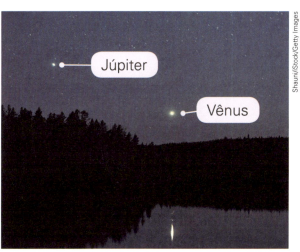

Céu noturno, em que os planetas Júpiter e Vênus estão visíveis. Canadá. Foto de 2016.

1 Retome os resultados obtidos na atividade das páginas 14 e 15 referentes à observação do céu noturno. O que há de semelhante e de diferente entre o que você registrou e o que é descrito nesta página? Converse com os colegas.

Aprender sempre

1 Pedro e Isabela colecionam figurinhas do Sistema Solar. Leia o diálogo entre eles.

VAMOS TROCAR? EU LHE DOU UMA DO PLANETA VERMELHO E VOCÊ ME DÁ UMA DO PLANETA MAIS QUENTE.

SÓ SE VOCÊ ME DER UMA DO ASTRO QUE É ★★★ E UMA DO PLANETA QUE É ★★★.

a. Pedro está se referindo a quais planetas?

_____

b. Sabendo que Isabela se referia ao Sol e a Júpiter, quais características ela pode ter usado para descrevê-los?

_____

_____

_____

2 Os versos abaixo fazem parte da canção "Luar do sertão", composta por Catulo da Paixão Cearense e João Pernambuco, em 1914.

Oh! Que saudade do luar da minha terra
Lá na serra **branquejando** folhas secas pelo chão
Este luar cá da cidade, tão escuro
Não tem aquela saudade do luar lá do sertão.
[...]

Branquejar: tornar branco.

Catulo da Paixão Cearense e João Pernambuco. Luar do sertão. Intérprete: Luiz Gonzaga. Em: *A festa*. São Paulo: RCA, 1981. 1 LP. Faixa 1. Disponível em: <http://www.luizluagonzaga.mus.br/site/2009/01/27/luar-do-serto/>. Acesso em: 13 set. 2017.

■ Como você explica a diferença entre o luar do sertão e o luar da cidade? Converse com os colegas.

3 A professora pediu aos alunos que fizessem um modelo do Sistema Solar. Um deles escolheu vários objetos para representar os astros e os colocou na posição que ocupam em relação ao Sol.

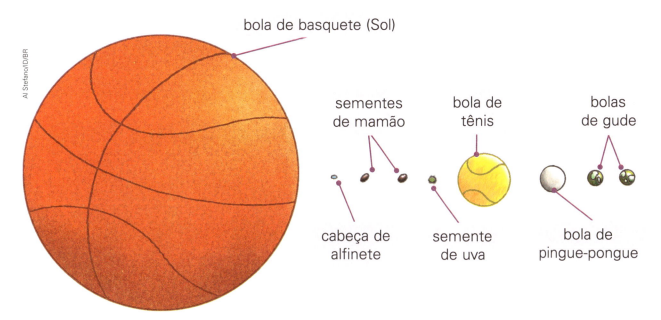

a. Por que o aluno escolheu objetos de tamanhos diferentes para representar os astros?

_____

_____

b. Qual dos objetos corresponde ao planeta Júpiter? E qual representa Mercúrio? Explique.

_____

_____

4 Em grupos, façam uma pesquisa sobre maneiras distintas de se interpretar as constelações em pelo menos duas culturas diferentes, do passado ou do presente. O que essas interpretações têm em comum? E de diferente? Você acha que uma está mais correta do que outra? Por quê? Converse com os colegas e com o professor.

CAPÍTULO 2

Como é a Terra

O texto abaixo se refere ao livro *Viagem ao centro da Terra*, do francês Júlio Verne, escrito em 1864. Leia o texto e converse com os colegas.

Um jovem e seu tio resolvem viajar ao centro da Terra. Dirigem-se, então, à cratera de um vulcão na Islândia, que acreditam ser a porta de entrada para o interior do planeta. Na incrível aventura, encontram um mundo subterrâneo repleto de surpresas que vão de oceanos a dinossauros. Parece fantástico? [...]

Ilustração do artista belga Adolphe-François Pannemaker presente na primeira edição de *Viagem ao centro da Terra*, de 1864.

Catarina Chagas. Viagem ao centro da Terra. *Ciência Hoje das Crianças*, 10 dez. 2012. Disponível em: <http://chc.cienciahoje.uol.com.br/viagem-ao-centro-da-terra/>. Acesso em: 10 set. 2017.

▶ Você já parou para pensar como deve ser o centro da Terra? O que você imagina que existe no interior do planeta?

▶ Converse com os colegas sobre as ideias deles a respeito do centro da Terra. Elas são semelhantes ou diferentes das suas?

A Terra por dentro e por fora

Muito antes de a Terra ser vista do espaço, as pessoas já se questionavam sobre como ela seria. Analise a foto da Terra ao lado. Que características você observa?

Primeira foto da Terra, vista por inteiro, tirada do espaço. Esse registro foi feito em 1972 pela tripulação da nave Apollo 17.

A superfície da Terra

A Terra é formada por camadas com diferentes características. A **crosta** é a primeira camada que envolve esse planeta. Ela é sólida e formada por rochas. Sua parte mais externa, onde nós vivemos, é conhecida como **superfície terrestre**.

A superfície terrestre pode conter muitos tipos de vegetação, desertos, plantações, pastos ou cidades, por exemplo. Ela tem áreas mais elevadas, como as montanhas, e áreas mais baixas. A maior parte das áreas mais baixas é coberta pela água dos oceanos.

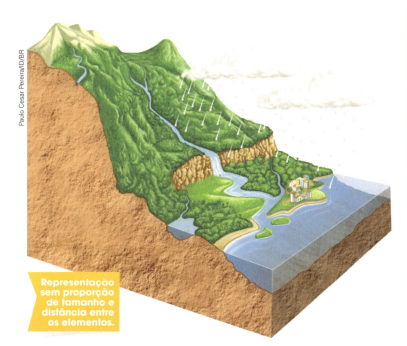

Representação sem proporção de tamanho e distância entre os elementos.

Representação esquemática de parte da superfície terrestre.

O monte Ama Dablam fica na Ásia, na **cordilheira** do Himalaia, e mede 6 812 metros de altitude.

Cordilheira: grupo grande de montanhas.

O interior do planeta

Abaixo da crosta terrestre, a temperatura é alta e segue aumentando em direção ao centro do planeta.

Devido às altas temperaturas e a outras condições, é impossível alcançar o interior da Terra. Por isso, é necessário usar métodos e aparelhos para investigar como é o planeta por dentro. Um desses aparelhos é o **sismógrafo**.

A camada localizada logo abaixo da crosta é o **manto**, que é sólido e muito quente. O manto é a camada mais espessa da Terra.

Pesquisador utilizando um sismógrafo no vulcão Bardarbunga, na Islândia. Foto de 2014.

Sismógrafo: aparelho que mede e registra os tremores da Terra.

A camada mais interna do planeta é o **núcleo**, que apresenta uma parte sólida e outra parte líquida, externa. As temperaturas no núcleo são ainda mais altas do que as do manto.

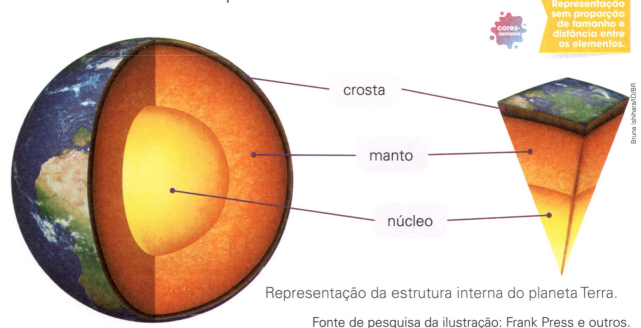

Representação da estrutura interna do planeta Terra.

Fonte de pesquisa da ilustração: Frank Press e outros. *Para entender a Terra*. Porto Alegre: Bookman, 2006. p. 37.

1 Troque ideias com os colegas: Quais são as características de cada camada da Terra?

Rochas e solos

A crosta terrestre é formada por uma grande variedade de rochas.

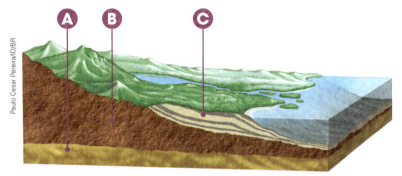

Representação sem proporção de tamanho e distância entre os elementos.

A, **B** e **C** representam diferentes tipos de rochas da crosta terrestre.

Fonte de pesquisa: Rualdo Menegat (Coord.) *Para entender a Terra*. 4. ed. Porto Alegre: Bookman, 2006. p. 196.

As rochas são formadas por **minerais**. Algumas são formadas por apenas um mineral, enquanto outras são formadas por dois ou mais minerais.

Em alguns casos, é possível identificar os minerais da rocha a olho nu. No granito, por exemplo, é possível ver pequenos grãos de aparência semelhante à do vidro, que correspondem ao mineral quartzo.

O granito é formado por quartzo e outros minerais.

As características das rochas determinam os diversos usos que elas podem ter. O mármore, por exemplo, é uma rocha muito usada para fazer esculturas. Outras rochas são constituídas por minerais de importância econômica, como os que contêm ferro e alumínio, que são extraídos e transformados em produtos como panelas, latas, peças de veículos, etc.

Ponto de extração de xisto em São Mateus do Sul, Paraná. Foto de 2016.

Escultura feita de mármore, chamada *Nu*. Obra do século 19 do artista francês Auguste Moreau.

A formação do solo

O solo, onde plantamos nosso alimento e onde vivem muitos seres vivos, é composto de fragmentos de rocha (parte mineral), de restos de organismos, de ar e de água. O ar e a água geralmente ocupam os espaços entre os grãos (ou **poros**) que formam o solo. A parte mineral é resultante da transformação das rochas, que ocorre no processo de formação do solo. Esse processo leva milhares de anos para acontecer. Os solos podem se originar de diferentes tipos de rochas e passar por processos de formação distintos. Por isso, existe uma grande variedade deles. Acompanhe algumas etapas da formação do solo.

1. Os componentes da rocha estão bem unidos formando um grande bloco.

2. A ação de diversos fatores, como a movimentação da água e a variação de temperatura, provoca rachaduras na rocha. As rachaduras vão aumentando de tamanho e pedaços de rocha se soltam. Alguns organismos se instalam no solo em formação e também contribuem para a transformação da rocha.

3. Folhas, restos de plantas e de animais (fezes, pele e ossos) misturam-se à superfície do solo, enriquecendo-o com nutrientes. O solo com mais nutrientes favorece o desenvolvimento de novas plantas.

4. O processo de formação do solo é contínuo. Com o tempo, o solo vai ganhando camadas, das mais superficiais, que sofreram mais transformações, às mais profundas, pouco modificadas.

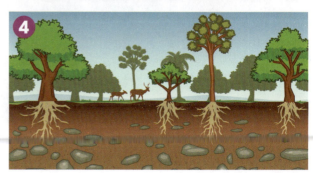

Representação sem proporção de tamanho e distância entre os elementos.

🖐 Na prática

Características dos solos

Será que há tipos de solos diferentes mesmo em regiões próximas, como as do entorno da escola? Vamos verificar.

Vocês vão precisar de:
- água
- luvas
- colher ou pá
- caneta hidrográfica
- sacos plásticos
- funis
- algodão
- copos de plástico transparentes
- cronômetro

Experimentem

1. Com a orientação do professor, reúnam-se em trios. Procurem locais do entorno da escola em que o solo possa ser coletado.
2. Usando luvas para proteger as mãos, coletem pequenas amostras com a colher ou a pá. Guardem cada amostra em um saco plástico diferente e identifiquem-nas.
3. Na sala de aula, ainda usando luvas, analisem as amostras de solo em relação a cor, textura, cheiro e tamanho dos grãos. Anotem no caderno as características observadas em cada amostra.

> **Atenção!**
> Ao mexer no solo é muito importante usar luvas. Você pode contrair doenças ao colocar as mãos sujas nos olhos ou na boca.

4. Em cada funil, coloquem um chumaço de algodão posicionando-o em sua parte mais estreita. Em seguida, coloquem também, em cada funil, a mesma quantidade de cada amostra de solo coletada.
5. Posicionem cada funil sobre um copo. Com a caneta hidrográfica, façam marcas que indiquem a altura de 2 centímetros em cada copo.
6. Despejem um copo de água em cada funil. Usando o cronômetro, registrem o tempo que a água leva para atingir as marcas nos copos.

Respondam

1. Quais componentes vocês identificaram em cada amostra? Há diferenças entre elas? E semelhanças?

2. Façam uma tabela no caderno comparando as amostras em relação a cor, cheiro, textura, tamanho dos grãos e tempo de passagem da água.

3. Vocês notaram alguma relação entre o tempo de passagem da água e outras características de cada solo?

A importância do solo para os seres vivos

O solo é um componente do ambiente muito importante para diversos seres vivos.

Por meio de suas raízes, as plantas se fixam no solo e absorvem dele água e sais minerais. Os animais que se alimentam de plantas e os animais que se alimentam de outros animais também dependem do solo.

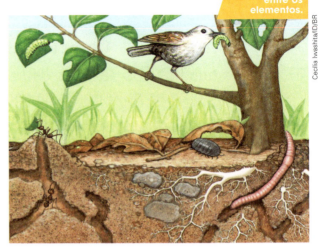

Representação sem proporção de tamanho entre os elementos.

O solo também é o abrigo de diferentes tipos de organismos, desde microrganismos até animais maiores, como a minhoca e o tatu. As minhocas se alimentam de restos de plantas e de animais do solo. Formigas e minhocas são excelentes construtoras de túneis, que ajudam a tornar o solo arejado e fértil.

A importância do solo para os seres humanos

Os seres humanos utilizam o solo, por exemplo, para cultivar alimentos, construir cidades e extrair materiais para fabricar objetos.

Cultivo de milho para a produção de alimento. Arroio Grande, Rio Grande do Sul. Foto de 2014.

Construção de moradias. Caruaru, Pernambuco. Foto de 2016.

Produção de objetos com argila. Barra Bonita, São Paulo. Foto de 2017.

Conhecendo o solo
Disponível em: <https://vimeo.com/54306301>. Acesso em: 12 set. 2017.
Consulte o vídeo para conhecer melhor diversos aspectos do solo, como sua formação e sua composição.

Impactos das atividades humanas nos solos

O vento e a chuva podem alterar a estrutura das rochas e do solo. As atividades humanas, como a criação de animais, o cultivo de plantas e a construção de cidades, podem intensificar essas alterações de modo que os grãos que formam o solo fiquem mais suscetíveis de ser arrastados pela água das enxurradas ou pelo vento. Esse deslocamento de porções do solo para outras áreas é chamado **erosão**.

Quando a erosão é muito intensa, o solo não pode ser utilizado para o plantio de culturas nem para a criação de animais. Piquete, São Paulo. Foto de 2014.

As plantas formam uma barreira contra o vento e a chuva, e as raízes sustentam as partículas do solo. A retirada da cobertura vegetal, ou **desmatamento**, deixa o solo mais exposto e vulnerável à erosão. O plantio de mudas em áreas desmatadas pode proteger o solo contra processos erosivos. Assim, todos os seres vivos que dependem direta ou indiretamente desse recurso para sobreviver são favorecidos.

O plantio de mudas em área desmatada é uma tentativa de recuperar a vegetação e diminuir os efeitos da erosão. Rio Claro, Rio de Janeiro. Foto de 2015.

Nas cidades, grande parte do solo é coberta por materiais **impermeáveis**, como o asfalto. Eles dificultam que a água penetre no solo. O destino inadequado do lixo também contamina o solo.

Nas zonas rurais, a aplicação de **agrotóxicos** em plantações pode poluir o solo e a água. Nos pastos, pode haver a **compactação do solo**. O pisoteio de bois e vacas "espreme" o solo e diminui os espaços entre os grãos, deixando a terra menos aerada e menos macia.

1 Que importância o solo tem na sua vida? Troque ideias com os colegas.

Vamos ler imagens!

As funções do solo representadas em um infográfico

Infográfico é um recurso que emprega múltiplos modos de apresentação de uma informação, como textos, ilustrações, mapas, fotografias, gráficos, tabelas, setas, números, entre outros. Essas diferentes representações se integram para transmitir uma mensagem.

Para fazer a leitura de um infográfico, é preciso seguir determinadas etapas. Veja algumas delas a seguir.

1. Ler o **título** do infográfico e identificar o que o infográfico explica.

2. Identificar, ler e observar os componentes: no exemplo, **textos**, **números** e **ilustrações** se integram para transmitir as informações.

Organização das Nações Unidas para a Alimentação e a Agricultura. Disponível em: <http://www.fao.org/3/g-ax374o.pdf>. Acesso em: 17 out. 2017.

Agora é a sua vez

1 Complete o quadro abaixo com as informações sobre o infográfico desta seção.

Qual é o título?	
Qual assunto é explicado?	
Que elementos o compõem?	
A que público se destina?	
Como os elementos estão apresentados?	
Onde poderia ser encontrado?	

2 Com a ajuda do professor, faça uma lista das palavras do infográfico que você não conhece. Pesquisem, coletivamente, o significado de cada uma delas.

3 Escreva dois exemplos de uso do solo pelos seres humanos que são mencionados no infográfico. Você conhece outros usos?

_____

_____

_____

4 Que cuidados devem ser tomados ao fazer esses usos do solo? Por que esses cuidados são essenciais?

_____

_____

_____

vinte e nove **29**

Aprender sempre

1 Observe as figuras a seguir. Depois, responda às questões.

a. Na figura da direita, vê-se que o solo sofreu erosão após a retirada das plantas. De que maneira a vegetação protegia o solo?

b. O que poderia ser feito para recuperar essa área? Qual é a importância da recuperação?

  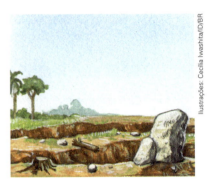

2 As cenas abaixo mostram a existência de um componente do solo.

a. Que componente é esse? Como você descobriu?

_____

_____

b. As minhocas permanecem em túneis que escavam no solo. Quando chove muito, elas sobem até a superfície. Por que você acha que isso acontece?

_____

3 Observe o experimento a seguir, feito por um aluno.

1. O aluno colocou gesso em pó e água dentro de um copo plástico e misturou bem. Em seguida, depositou sementes de feijão no gesso ainda mole.

2. Ele retirou o copo quando o gesso endureceu.

3. Dias depois, as sementes germinaram. O desenvolvimento das raízes das plantas provocou rachaduras no gesso.

a. No experimento, o que o gesso representa?

_____

b. Use as palavras abaixo para escrever uma frase que relacione o experimento à importância do solo para a vida.

| solo | desenvolvimento | planta |
| alimento | nutrientes | seres vivos |

_____
_____
_____

c. Com base no experimento, troque ideias com os colegas: As plantas podem provocar rachaduras nas rochas, que ajudam no processo de formação do solo? Como?

CAPÍTULO 3

Animais vertebrados

Os animais podem ser separados em grupos, de acordo com determinadas características. Observe alguns animais nas fotos a seguir.

Dourado.

Morcego-rato-grande.

Tuiuiú.

Sapo-cururu.

Ser humano.

Tartaruga-de-pente.

▶ Quais desses animais vivem na água?

▶ Quais podem voar?

▶ Quais têm pelos?

▶ Dê exemplos de características comuns a todos esses animais.

O corpo dos animais vertebrados

O que os animais vertebrados, como a tartaruga, o papagaio, o tubarão, a rã e a onça-pintada, têm em comum? Todos eles têm ossos, como o crânio e a coluna vertebral.

O **crânio** é uma caixa óssea que fica na cabeça e protege o cérebro. A **coluna vertebral** é formada por um conjunto de ossos alinhados chamados **vértebras**. O crânio, a coluna vertebral e os demais ossos do corpo formam o **esqueleto**. O esqueleto sustenta o corpo, ajuda na locomoção e protege os **órgãos** internos, como fígado, pulmões e coração. Observe essas estruturas na imagem ao lado.

Órgão: parte do corpo que realiza uma ou mais funções.

Representação do esqueleto humano.

Fonte de pesquisa da ilustração: R. Winston. *Body*: an amazing tour of human anatomy. London: Dorling Kindersley, 2005. p. 10.

1 Nas figuras abaixo, identifique os animais vertebrados que você conhece.

Representação sem proporção de tamanho e distância entre os elementos.

- crânio
- coluna vertebral

Os grupos de animais vertebrados

Sapos, peixes, aves, jacarés e cavalos formam um grupo único, o dos animais vertebrados. Mas eles têm também características bastante diferentes entre si. Por isso, costumam ser separados em outros grupos, que reúnem animais com características ainda mais particulares.

Peixes

Os peixes podem ter muitas cores, tamanhos e formatos. Eles vivem em ambientes aquáticos, isto é, em mares, rios, lagos ou represas. A respiração é feita por **brânquias**, estruturas que absorvem o gás oxigênio da água. A maior parte dos peixes tem o corpo coberto de escamas, e suas nadadeiras ajudam na locomoção embaixo d'água.

O pirarucu vive em rios da região amazônica.

O tubarão-martelo vive em mares brasileiros.

A barracuda-gigante vive no oceano Atlântico.

A moreia-negra é um peixe marinho que se abriga em tocas.

1 Em dupla, você e um colega vão se alternar para analisar a coluna vertebral humana. Cada um deve tocar o meio das costas do colega e deslizar os dedos para cima e para baixo.

a. Vocês perceberam a presença da coluna vertebral?

b. Assim como nós, os peixes têm coluna vertebral?

c. No caderno, cite três características que os peixes têm que os seres humanos não têm.

Anfíbios

Sapos, rãs, pererecas, salamandras e cobras-cegas fazem parte do grupo dos anfíbios. A palavra **anfíbio** quer dizer "duas vidas". Isso porque muitos dos animais desse grupo vivem dentro da água enquanto são filhotes e, nessa fase, respiram por brânquias e se locomovem nadando; quando adultos, porém, passam a viver mais tempo no ambiente terrestre e a respirar principalmente por **pulmões**. A pele dos anfíbios também participa da respiração.

A locomoção dos anfíbios é diversa: alguns saltam, outros andam, e outros, ainda, rastejam. A maioria deles se alimenta de animais. Os girinos, como são chamados os filhotes aquáticos de alguns anfíbios, comem plantas.

As salamandras, como a salamandra-da-lama, andam sobre o solo. Elas têm quatro pequenas patas.

As pererecas, como a perereca-de-olhos-laranjas, se fixam em superfícies porque têm ventosas (estruturas adesivas) nas pontas dos dedos.

2 Leia o texto abaixo e depois responda à questão.

> [...] Sapos, rãs e pererecas não bebem água como os humanos. Eles absorvem água através da pele. Algumas espécies, quando têm sede, procuram ficar em contato com as folhas das árvores ou de outras plantas que ficam molhadas pela chuva ou orvalho. Também podem retirar a água do próprio ar úmido das florestas. [...]

Instituto Rã-bugio. Disponível em: <http://www.ra-bugio.org.br/anfibios_sobre_03.php>. Acesso em: 18 set. 2017.

■ Como a água entra no corpo dos anfíbios?
  ☐ Pela boca.   ☐ Pelas brânquias.   ☐ Pela pele.

Répteis

Tartarugas, lagartixas, jacarés e serpentes são exemplos de répteis. A palavra **réptil** significa "aquele que se arrasta". O grupo recebe esse nome porque muitos dos animais que o compõem se locomovem arrastando o corpo no chão. Mas há também répteis que andam ou nadam.

Há répteis que vivem em ambientes aquáticos e répteis que vivem em ambientes terrestres. A maioria tem a pele coberta de escamas. Além dessa proteção, os jacarés têm placas duras, e os jabutis e tartarugas têm uma carapaça.

O corpo da sucuri é coberto de escamas. Ela se arrasta e passa parte do tempo dentro da água.

pele velha

As lagartixas trocam de pele ao longo da vida. Elas andam com muita rapidez.

O jabuti-piranga anda lentamente e tem uma carapaça muito dura.

Os répteis respiram por pulmões e absorvem o gás oxigênio do ar. Os que vivem em ambientes aquáticos, como as tartarugas marinhas, precisam subir à superfície para respirar. A maioria dos répteis se alimenta de outros animais.

3 Sublinhe as alternativas verdadeiras e, no caderno, corrija as falsas.

a. Serpentes e lagartixas pertencem ao grupo dos répteis.

b. As tartarugas são aquáticas e absorvem o gás oxigênio da água.

c. Os répteis vivem em ambientes aquáticos e terrestres.

Aves

As **aves** são animais com o corpo coberto de penas. Elas têm um par de asas e um bico, e a maioria é capaz de voar.

Elas não têm dentes e se alimentam usando o bico, que pode ter diversos formatos. Em geral, o formato do bico está relacionado ao tipo de alimentação. Algumas aves se alimentam apenas de outros animais. Outras se alimentam apenas de plantas. Há também aquelas que comem tanto plantas quanto animais.

Existem aves aquáticas e aves terrestres, mas todas respiram por pulmões.

Garças, andorinhas e sabiás são aves que voam. As galinhas e as emas correm, enquanto os pinguins são ótimos nadadores.

O carcará é uma ave caçadora. Com seu bico curvo e afiado, consegue arrancar pedaços de carne dos animais que captura.

O bico fino e comprido dos beija-flores, como do beija-flor-de-cauda-larga, permite retirar o néctar de dentro das flores.

As araras, como a araracanga, têm penas coloridas e se alimentam sobretudo de sementes.

4 O pato é uma ave. Que características indicam que ele faz parte desse grupo dos vertebrados?

Mamíferos

Seres humanos, gatos, cachorros e porcos são exemplos de mamíferos. A palavra **mamífero** está relacionada a uma característica do grupo: os filhotes mamam, ou seja, se alimentam do leite produzido por suas mães.

Gata amamentando seus filhotes.

O corpo dos mamíferos é coberto de pelos, que protegem a pele e mantêm o corpo aquecido. O tipo e a quantidade de pelos variam conforme o animal. A capivara e a onça têm pelo curto. Alguns gatos e cachorros têm pelos longos. O porco-espinho tem pelos tão duros que parecem espinhos, daí o seu nome. Outros mamíferos quase não têm pelos, como as baleias.

As capivaras têm pelo curto. Elas vivem na terra, mas também costumam nadar.

Os pelos duros do porco-espinho são uma forma de defesa desse animal.

Os mamíferos adultos têm uma alimentação variada. A onça, a jaguatirica e a ariranha se alimentam de outros animais. Capivaras, veados, bois e vacas comem plantas. O ser humano, os macacos e o porco doméstico comem tanto plantas quanto outros animais.

Ariranhas vivem em rios e se alimentam de peixes.

Bois e vacas vivem em pastos e se alimentam de plantas.

Existem, portanto, mamíferos que vivem em ambientes terrestres e mamíferos que vivem em ambientes aquáticos, mas todos respiram por pulmões.

A forma de locomoção dos mamíferos é muito variada: lobos andam e correm; morcegos voam; cangurus andam e saltam; golfinhos e baleias nadam.

Os morcegos são os únicos mamíferos que voam. Muitos, como o morcego-de-cauda-curta, se alimentam de frutos.

5 Analise estas informações sobre a baleia jubarte.

As baleias, como os golfinhos, são mamíferos que vivem no mar. Elas têm nadadeiras que facilitam sua movimentação e brânquias que absorvem o gás oxigênio dissolvido na água.

A baleia jubarte é comum no litoral brasileiro.

Texto para fins didáticos.

a. Há informações incorretas no texto. Sublinhe-as e reescreva-as abaixo fazendo as correções necessárias.

_____
_____
_____

b. Liste pelo menos duas semelhanças e duas diferenças entre as baleias e os peixes.

_____
_____
_____

Pessoas e lugares

Museu Nacional: pesquisar, aprender e brincar

O Museu Nacional, localizado no município do Rio de Janeiro, é a **instituição** científica mais antiga do Brasil. Veja a localização do município do Rio de Janeiro no mapa ao lado.

No museu estão guardados materiais muito valiosos, como livros, mapas, publicações antigas e objetos que contam a história da natureza e de nossos **ancestrais**. Há também exemplares de seres vivos brasileiros que podem ser observados pelo público e estudados por pesquisadores. Estes investigam algumas características de plantas e animais diversos (incluindo os seres humanos) e a relação que esses seres estabelecem com as condições ambientais.

Fonte de pesquisa: *Meu 1º atlas*. Rio de Janeiro. IBGE, 2012. p. 100.

Instituição: organização pública ou privada, com regras e leis próprias, que promove ações que são úteis para a sociedade.
Ancestral: antecessor, que veio antes, antepassado.

Museu Nacional, na cidade do Rio de Janeiro. Foto de 2015.

 Museu Nacional – UFRJ
Disponível em: <http://www.museunacional.ufrj.br/brincando/>.
Acesso em: 18 set. 2017.

A visita à página da internet do Museu Nacional é uma forma divertida de conhecer os seres vivos e as atividades do museu. Acesse e divirta-se.

A perereca-de-fogo é um dos exemplares estudados no Museu Nacional, pelo pesquisador Ivan Nunes. Leia um pouco sobre ela no texto abaixo.

A perereca-de-fogo foi descoberta em 2008 na Serra da Jiboia (município de Santa Terezinha, Bahia) pela pesquisadora Flora Juncá, da Universidade Estadual de Feira de Santana.

Texto para fins didáticos.

Perereca-de-fogo.

O Museu Nacional também tem programações especiais para crianças, como atividades de contação de histórias e oficinas.

Dessa maneira, esse e outros museus se estabelecem como fonte de aprendizado e troca de conhecimento, além de serem espaços de interessantes brincadeiras.

Oficina de desenhos no Museu Nacional, realizada em 2015.

1 Quem pode usar o museu de ciências? Dê dois exemplos de uso do museu. Responda no caderno.

2 Use a descoberta do animal citado no texto como exemplo para descrever, no caderno, como o Museu Nacional é usado em uma pesquisa científica. Cite as pessoas envolvidas no processo.

3 O que você gostaria de estudar dentro de um museu de ciências?

4 Você já visitou um museu de ciências? Se não, gostaria de visitar? Se já visitou, o que mais gostou de conhecer no museu?

quarenta e um **41**

Aprender sempre

1. Os restos de um animal morto foram encontrados por pesquisadores, que fizeram um desenho do que observaram (veja ao lado). Esse animal é um vertebrado? Explique.

_____

_____

2. "Nem tudo o que cai na rede é peixe." Essa frase foi usada em uma campanha de preservação de tartarugas marinhas ameaçadas de extinção.

Tartaruga marinha acidentalmente presa em rede de pesca.

a. As tartarugas precisam subir até a superfície para respirar. Por que as redes de pesca representam uma ameaça para esses animais?

_____

_____

_____

b. Por que é importante que pescadores e demais pessoas saibam como evitar esse tipo de situação?

c. Que outras ameaças os animais que vivem no mar podem sofrer por causa da ação do ser humano? Forme um grupo com mais três colegas e pesquise. Compartilhem as informações com os outros grupos.

3 A perereca-de-fogo, apresentada na seção *Pessoas e lugares*, pertence a que grupo de vertebrados? Quais são as principais características desse grupo?

_____

_____

_____

_____

4 Que tal aprender enquanto brinca? Junte-se a dois colegas. Destaquem as fichas do **Jogo dos vertebrados** das páginas 153 a 157 e sigam as instruções a seguir.

Objetivo do jogo
Ser o primeiro jogador a ficar sem nenhuma ficha na mão e completar uma rodada de jogo.

Montagem do jogo
O professor deve informar quais são os tipos de ficha do jogo. Um dos jogadores vai embaralhar as fichas e distribuir dez delas para cada participante. O restante das fichas deve formar um monte de compras, com a face virada para baixo.

Início do jogo
O jogador à esquerda de quem distribuiu as fichas deve começar o jogo. Ele vai virar a primeira ficha do monte de compras na mesa. Este será o início do monte de descarte. Se for uma ficha especial, deve seguir sua função.

Fim do jogo
Ao se livrar de todas as fichas da mão, o jogador prossegue até que seja sua vez de jogar novamente. Se, ao chegar sua vez, ainda estiver sem fichas, será o vencedor.

Como jogar
O primeiro jogador deve descartar uma ficha que represente a mesma cor ou grupo de vertebrado ou, então, uma ficha especial. Caso o jogador não possua fichas que combinem com a que foi virada, deve comprá-las do monte de compras até encontrar uma que combine.

O jogador que ficar com apenas uma ficha na mão, ao longo do jogo, deve dizer "falta uma". Caso ele não diga e sua vez passe, deve comprar duas fichas do monte de compras.

CAPÍTULO 4

Animais invertebrados

Lesmas, aranhas, borboletas, centopeias e minhocas são bem diferentes entre si. Mas esses animais têm características em comum e, ao mesmo tempo, são todos bem diferentes dos animais vertebrados. Observe alguns desses aspectos na imagem abaixo.

- Na cena acima, quais animais você não colocaria no grupo dos vertebrados? Explique sua escolha.

- Há animais vertebrados representados na imagem? Em caso afirmativo, quais são eles? Como você chegou a essa conclusão?

- Que animais desse jardim não são vertebrados e podem voar?

Invertebrados terrestres

Os invertebrados terrestres vivem em diversos tipos de ambiente, desde as matas até os desertos. Esses animais se movimentam de várias maneiras: formigas, centopeias e aranhas têm pernas e andam; minhocas e caracóis rastejam; besouros, abelhas e mosquitos têm asas e voam; grilos e pulgas saltam para se locomover.

No solo

Muitos invertebrados podem ser encontrados debaixo de pedras ou folhas caídas, como o tatuzinho-de-quintal. Já as minhocas vivem dentro de túneis cavados no solo.

Os caracóis, como o caracol asiático, rastejam e se alimentam de folhas.

O tatuzinho-de-quintal enrola todo o corpo quando precisa se defender.

No ar

Os únicos invertebrados que têm asas são os insetos. Eles voam para fugir de outros animais, para se alimentar, para encontrar abrigo ou um lugar para depositar seus ovos, por exemplo. Borboletas, libélulas, besouros, abelhas, joaninhas e gafanhotos, entre muitos outros, são invertebrados que voam.

As libélulas, como a libélula-de-doze--manchas, têm dois pares de asas.

Além de voar, os gafanhotos, como o gafonhoto-soldado, também saltam.

Insetos sociais

Insetos como as abelhas, as formigas e os cupins podem viver em grupos grandes, em que cada indivíduo tem uma função coletiva, formando uma sociedade. Os cupinzeiros são construídos por uma sociedade de cupins. Em uma colmeia podem viver milhares de abelhas. A abelha-rainha é a maior e a única que põe ovos. As abelhas-operárias cuidam dos ovos e buscam alimento.

Alguns insetos vivem em grupo, como os cupins.

Cupinzeiro no Parque Nacional das Emas, em Goiás. Foto de 2014.

Invertebrados microscópicos

Alguns invertebrados são tão pequenos que não podem ser vistos a olho nu. Para observá-los, são necessários instrumentos, como os microscópios.

Os ácaros são invertebrados presentes em vários tipos de ambiente. Alguns vivem na poeira que existe dentro das casas. Ampliação de cerca de 250 vezes.

As saúvas: uma sociedade de formigas
Disponível em: <http://revistapesquisa.fapesp.br/2009/12/21/as-sa%C3%BAvas-uma-sociedade-de-formigas/>. Acesso em: 20 set. 2017.

O vídeo apresenta diversos aspectos da sociedade formada pelas formigas saúvas.

Invertebrados aquáticos

Animais que não têm ossos, como crânio e coluna vertebral, são chamados de **invertebrados**. Muitos invertebrados são aquáticos. Alguns vivem na água doce de rios, lagos, represas e lagoas. Também existem os que vivem na água salgada de mares e oceanos. Vamos conhecer um pouco mais sobre eles.

Na água doce

Muitos invertebrados vivem dentro da água quando filhotes e, depois de adultos, passam a viver fora dela. É o caso do mosquito que transmite a dengue. Outros invertebradros vivem sempre imersos na água, como alguns caramujos e camarões.

Os caramujos neritinas-zebra costumam ser encontrados em lagos e represas.

O camarão-da-malásia vive na água doce e pode ser criado em cativeiro.

E há aqueles, como pequenos mosquitos e algumas aranhas, que conseguem se locomover na superfície da água sem afundar. Isso acontece porque na superfície da água parada existe uma fina camada capaz de sustentar esses animais.

Aranha-pescadora sobre a superfície da água.

1 Você já observou animais invertebrados em um rio, lago ou represa? Em caso afirmativo, como eles eram? Converse com um colega.

Na água salgada

Em mares e oceanos vivem milhares de invertebrados, muito diferentes entre si. Alguns deles não se locomovem e vivem presos em rochas, por exemplo. Outros apresentam diferentes formas de locomoção. Vejamos alguns casos a seguir.

As esponjas são animais que não se locomovem. Elas obtêm alimento da água que circula em seu corpo. A água entra na esponja por diversos furos distribuídos por todo o corpo e sai por uma abertura superior. As anêmonas-do-mar quase não se movem. Elas usam os **tentáculos** que têm ao redor da boca para capturar pequenos peixes e outros animais para se alimentar.

Tentáculo: prolongamento do corpo que auxilia no tato e na captura de alimentos.

As anêmonas-do-mar usam seus tentáculos para capturar alimento.

Esponjas vivem fixas em rochas no fundo do mar. Elas se alimentam por meio da movimentação da água dentro de seu corpo.

Polvos e lulas também são invertebrados marinhos. Eles usam tentáculos para se mover e capturar pequenos animais na alimentação. Nos polvos, os tentáculos são chamados de braços e têm **ventosas**.

Ventosa: estrutura arredondada com bordas, que funcionam como um adesivo, e uma parte central, que tem a capacidade de se encolher, causando o efeito de sugar. Assim, as ventosas permitem que os tentáculos grudem em outros animais e em várias superfícies.

Polvo-comum com ventosas nos tentáculos.

Na prática

Como é possível andar sobre a água?

Como alguns insetos conseguem caminhar sobre a água? Nesta atividade vamos ver como isso ocorre.

Você vai precisar de:

- copo plástico transparente com água
- lápis
- régua
- tesoura com pontas arredondadas
- folha de papel-alumínio

Muitos insetos conseguem andar sobre a água.

Experimente

1. Com a ajuda do professor, faça um retângulo de 16 centímetros de comprimento por 3,5 centímetros de largura na folha de papel-alumínio.
2. Corte o retângulo com a tesoura.
3. Dobre o retângulo quatro vezes, como mostram as figuras ao lado.
4. Coloque a tira dobrada sobre a água no copo e observe.

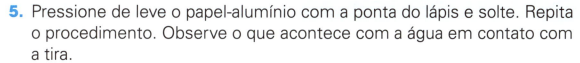

5. Pressione de leve o papel-alumínio com a ponta do lápis e solte. Repita o procedimento. Observe o que acontece com a água em contato com a tira.
6. Pressione a tira com mais força e veja o que acontece.

Responda

1. O papel-alumínio afundou quando foi colocado na água?
   ☐ Sim.   ☐ Não.

2. O que aconteceu com a água quando a tira foi pressionada levemente? E quando foi pressionada com força? Responda no caderno.

3. Compare a observação do experimento com um inseto que se desloca na água. Que etapa do experimento corresponde ao deslocamento do inseto? Por quê?

Os invertebrados e os outros seres vivos

Os invertebrados são muito importantes para o ambiente. Eles se relacionam com outros seres vivos e com elementos não vivos.

Minhocas e alguns besouros se alimentam de restos de plantas e animais mortos. Suas fezes deixam no solo importantes nutrientes que são absorvidos pelas plantas. Já as abelhas, borboletas e outros insetos participam da reprodução de plantas. Muitos invertebrados servem de alimento para outros invertebrados ou para animais vertebrados, como as aves.

Algumas aranhas, como a aranha-de-prata, capturam insetos nas teias que constroem.

Aves, como o pica-peixe-de-barrete--castanho, capturam insetos com o bico.

1 Identifique na imagem abaixo um invertebrado terrestre que

a. constrói teias e com elas captura animais:

_____.

b. enrola o corpo e assim se protege:

_____.

c. vive em grupo:

_____.

d. tem concha:

_____.

Invertebrados parasitas

Seres vivos que vivem fora ou dentro do corpo de outro ser vivo causando-lhe prejuízo são chamados **parasitas**.

Pulgas, piolhos e carrapatos são parasitas dos seres humanos e de outros animais, como cachorros e vacas. Esses invertebrados podem viver fora do corpo do animal que parasitam e se alimentam de sangue.

Existem também parasitas que vivem dentro do corpo de outros animais. Lombrigas e outros vermes, por exemplo, podem viver dentro do corpo humano e causar doenças.

Os piolhos se alimentam de sangue humano. Geralmente vivem entre os cabelos e na pele da cabeça.

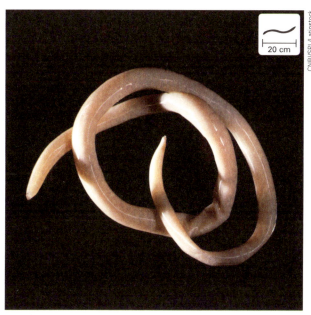

A lombriga é um verme que pode viver dentro do intestino humano e se alimentar de parte daquilo que comemos.

2 Ligue os invertebrados aos seres vivos com que eles podem se relacionar.

Abelha   Ser humano

Piolho   Ave

Grilo   Flor

Aprender sempre

1 O polvo e o camarão-da-malásia são invertebrados aquáticos, portanto podem viver juntos no mesmo ambiente.

- Você concorda com essa afirmação? Por quê?

_____
_____
_____

2 Vários invertebrados terrestres estão presentes neste jardim. Escreva o nome deles.

_____
_____
_____

- Que outros invertebrados você conhece? Em que ambiente eles vivem?

_____
_____

3 O *Aedes aegypti* é o mosquito transmissor da dengue. Ele vive e se reproduz em locais onde se acumula água parada. Além da dengue, outras doenças, como a zika e a chikungunya, também são transmitidas por esse invertebrado.

O mosquito *Aedes aegypti* pousado na pele de uma pessoa.

a. Assinale duas das doenças transmitidas pelo *Aedes aegypti*:

☐ sarampo ☐ zika ☐ catapora ☐ chikungunya

b. Todos os anos são feitas campanhas para combater o mosquito *Aedes aegypti* e diminuir o número de pessoas atingidas pelas doenças transmitidas por esse inseto. Que medidas são tomadas em sua casa para evitar que nasçam mais mosquitos e as pessoas sejam picadas?

_____

4 Forme dupla com um colega e, juntos, identifiquem os animais destas figuras. Depois, relacionem cada invertebrado ao modo de vida correspondente.

Representação sem proporção de tamanho e distância entre os elementos.

Carrapato.   _____   _____   Minhocas.

a. Vive em sociedade. _____

b. Voa. _____

c. É um parasita. _____

d. Vive em túneis no solo. _____

CAPÍTULO 5

A reprodução dos animais

A reprodução é uma das etapas do ciclo de vida de todos os seres vivos. Observe a imagem abaixo, que mostra um ambiente com plantas e animais vertebrados e invertebrados.

- Quais são os animais invertebrados da imagem? Como você imagina que eles se reproduzam?

- Identifique os micos-leões-dourados. Como você imagina que eles se reproduzam?

- Circule uma ave. As aves nascem da mesma maneira que os micos?

- Identifique os ovos na água. Que animal você acha que depositou esses ovos?

Como os animais se reproduzem

A reprodução permite que os animais deixem descendentes, isto é, tenham filhotes. Assim, os animais permanecem no planeta.

Em geral, na reprodução dos animais há a participação de um macho e de uma fêmea. É o caso dos seres humanos. Porém, existem animais que podem se reproduzir de outras formas.

Fêmea de leão-marinho e seu filhote.

Reprodução com macho e fêmea

A reprodução da maioria dos animais depende do acasalamento entre o macho e a fêmea. O **acasalamento** é o modo como esses animais se unem no momento da reprodução.

Besouros acasalando. Nesse caso, o macho está sobre a fêmea.

Para atrair a fêmea, alguns machos fazem a **corte**, isto é, apresentam um comportamento especial. O pavão, por exemplo, abre as penas da cauda e começa a exibi-la diante da fêmea para chamar sua atenção.

Pavão exibindo a cauda.

A fêmea e o macho de alguns animais são muito diferentes. Mas existem casos em que é difícil perceber essa diferença.

1 Você conhece outros exemplos de comportamentos dos animais para atrair parceiros?

Casal de jandaias-verdadeiras. Nessa espécie, o macho e a fêmea são muito parecidos.

cinquenta e cinco **55**

Reprodução sem parceiro

Existem animais que conseguem se reproduzir sem precisar de um parceiro.

Por exemplo, os corais são animais marinhos que podem se reproduzir formando novas partes de seu corpo.

Outro exemplo é a estrela-do-mar. Se seu corpo se partir, cada parte pode se recuperar e dar origem a outro animal inteiro.

Coral no fundo do mar.

Se uma estrela-do-mar for dividida ao meio, cada metade poderá originar um novo animal.

2 Leia o texto e responda às questões.

[...] O ruído das cigarras tornou-se uma parte de Brasília. [...]

O inseto parece prever a chegada das tempestades: somente quando a umidade do ar fica mais elevada e há água, ele se reproduz. É nesse momento que as cigarras adultas cantam. O canto da cigarra tem o objetivo de atrair o parceiro do sexo oposto para um relacionamento. [...]

Cigarra em tronco de árvore.

Leilane Menezes. Cigarras começam a reaparecer no DF e podem estar trazendo a chuva. *Correio Braziliense*, 21 set. 2010. Disponível em: <http://www.correiobraziliense.com.br/app/noticia/cidades/2010/09/21/interna_cidadesdf,213968/cigarras-comecam-a-reaparecer-no-df-e-podem-estar-trazendo-a-chuva.shtml>. Acesso em: 22 set. 2017.

a. Como as cigarras se reproduzem?

_____

b. De acordo com o texto, a reprodução das cigarras depende:

☐ de um tempo muito seco.   ☐ de um tempo úmido.

Como os animais nascem

Filhotes de diferentes animais podem nascer de diversas maneiras. Vejamos algumas a seguir.

Animais que nascem do corpo da mãe

Os filhotes de alguns animais, como a anta, o tatu, a vaca, o ser humano e o burro, se desenvolvem dentro do corpo da mãe até o momento do nascimento.

Quase todos os filhotes que nascem do corpo da mãe recebem alimento e proteção dos pais por algum tempo, até poderem sobreviver sozinhos.

Filhote de burro que acabou de sair do corpo da mãe.

Ao nascer, os filhotes dos mamíferos mamam o leite produzido no corpo da mãe. É comum filhotes de mamíferos serem vigiados e cuidados pelos pais enquanto estão crescendo.

Os filhotes da preguiça são carregados pelas mães durante os primeiros meses de vida.

A baleia jubarte produz cerca de 200 litros de leite por dia para amamentar o filhote.

 Associação Amigos do Peixe-Boi (AMPA)
Disponível em: <http://www.ampa.org.br>. Acesso em: 16 nov. 2017.

Esse *site* traz fotos, notícias e informações (como reprodução, alimentação, entre outras) de alguns animais encontrados no Brasil, como a lontra, a ariranha e o peixe-boi.

Animais que nascem de ovos

Há animais que se desenvolvem fora do corpo da mãe, em ovos. As aves, muitos peixes, répteis, anfíbios e insetos são alguns exemplos.

Dentro dos ovos, há água e reserva de alimento, que o filhote consome durante seu desenvolvimento.

Ao nascer, alguns filhotes de animais que nascem de ovos já estão prontos para se alimentar sozinhos e se proteger no ambiente externo. É assim com as serpentes, certos peixes e insetos.

O percevejo coloca muitos ovos, que formam um agrupamento bem unido.

As serpentes surucucu-pico-de-jaca nascem de ovos que têm uma casca mole.

Existem, porém, animais que cuidam dos ovos e dos filhotes mesmo depois que eles nascem. É o caso das aves, que aquecem os ovos com o calor do corpo e alimentam os filhotes depois do nascimento. Certos peixes e rãs protegem seus ovos para que não sejam comidos por outros animais.

Filhote de galinha recém-saído do ovo. A mãe cuida de seus filhotes após o nascimento.

Ninho de tuiuiús com dois adultos cuidando de três filhotes.

Ovos com casca, ovos sem casca

Muitos animais terrestres, como as aves e os répteis, põem ovos com casca. Os ovos com casca variam de tamanho e são resistentes contra batidas e contra a perda de água.

Anfíbios e peixes põem ovos **gelatinosos**, sem casca. Esses ovos ficam dentro da água, o que evita que sequem e os filhotes morram.

Gelatinoso: que tem consistência de gelatina.

Ovos de galinha (brancos, à direita), de avestruz (maior) e de codorna (menores e com manchas).

Aglomerado de ovos de anfíbios. Os sapos e as rãs põem ovos dentro da água.

1 Escreva o nome de dois animais que nascem do corpo da mãe e dois animais que nascem de ovos. Em que ambiente eles vivem?

2 A fotografia mostra peixes-palhaço colocando ovos sobre uma pedra.

- Converse com os colegas: Vocês acham que esses ovos sobreviveriam fora da água?

Peixes-palhaço depositando seus ovos em uma pedra.

3 Onde o filhote da galinha se desenvolve? Que cuidados ele recebe da mãe antes do nascimento? E depois? Converse com os colegas.

O desenvolvimento dos animais

Quando nascem, os filhotes de muitos animais têm muitas semelhanças com relação aos adultos, mas com tamanho menor. São assim os bebês humanos, os cavalos, as tartarugas e as emas, por exemplo. Com o tempo, eles crescem e se desenvolvem, tornando-se adultos.

Os filhotes de ema são semelhantes aos adultos. O macho é quem cuida dos filhotes.

Metamorfose

Alguns animais, porém, nascem completamente diferentes dos adultos. Ao longo do tempo, o corpo desses animais passa por grandes mudanças até chegar à fase adulta. Esse processo é chamado **metamorfose**. É o caso dos sapos, das borboletas e dos mosquitos. Acompanhe a seguir a metamorfose de uma rã.

■ Metamorfose da rã

1. Rãs macho e fêmea acasalando na água. Nesse local, a fêmea da rã deposita os ovos.

2. O filhote de rã que sai do ovo é chamado **girino**. Ele vive na água, não tem patas e nada com ajuda da cauda.

3. O corpo do girino passa por transformações. Ele cresce, surgem as patas, e a cauda diminui.

4. A rã começa a respirar pelos pulmões e passa a viver fora da água. Ao final da metamorfose, a rã se torna adulta.

Metamorfose da borboleta

Esquema do ciclo de vida da borboleta, mostrando as etapas de acasalamento, postura dos ovos, metamorfose e surgimento da borboleta adulta.

1 Complete o texto sobre a metamorfose das borboletas.

A lagarta nasce do _____ e se alimenta de _____.

Após a _____, transforma-se em borboleta, sai do _____ e se alimenta de _____.

Vamos ler imagens!

O *Aedes aegypti* na mira do microscópio de luz

Os microscópios de luz são instrumentos compostos por lentes de aumento. Por ampliarem as imagens, os microscópios permitem aos cientistas enxergar detalhes de animais muito pequenos, como alguns invertebrados.

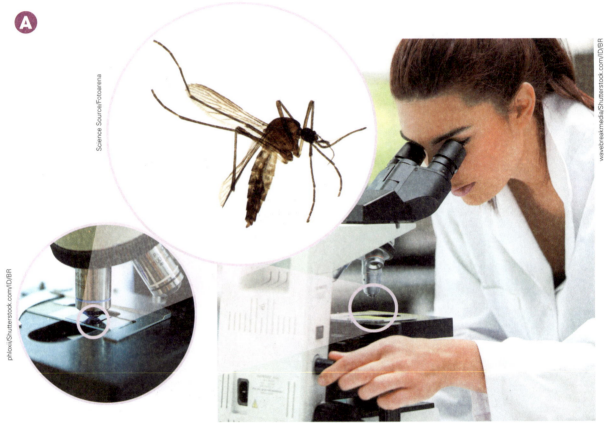

Observação de mosquito *Aedes aegypti* em um microscópio de luz. Aumento de 8 vezes.

O material a ser observado pode ser um ser vivo ou alguma parte dele. Colocado sobre um suporte, o objeto de estudo é iluminado. O observador olha através de lentes que ampliam a imagem recebida pelos olhos e consegue visualizar o que antes não era visível.

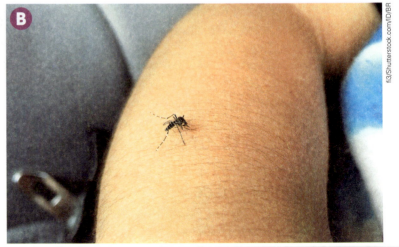

Observação de mosquito *Aedes aegypti* sem o uso de microscópio.

Agora que você já sabe como um microscópio de luz é usado, vamos analisar duas fotos do mesmo animal invertebrado em duas fases de sua etapa reprodutiva. Observe as imagens e leia as legendas.

Ovos de mosquito *Aedes aegypti* vistos no microscópio de luz. Aumento de 20 vezes.

Larva do mosquito *Aedes aegypti* vista no microscópio de luz. Aumento de 20 vezes.

Agora é a sua vez

1. Qual é o animal mostrado na imagem **A**? Como você descobriu essa informação?

2. Se você fosse um cientista e tivesse de analisar detalhes da cabeça desse animal, qual das fotografias você observaria? Por quê?

3. As fotografias **A**, **C** e **D** mostram o mesmo animal observado por meio de um microscópio de luz. Por que essas fotos são diferentes?

4. A fêmea do *Aedes aegypti* põe seus ovos na água. Dos ovos nascem larvas, que vivem na água e vão se transformar em mosquitos na fase adulta.

    a. Como se chama o processo em que a larva se transforma em um mosquito adulto?

    b. O mosquito *Aedes aegypti*, que transmite a dengue, é um animal terrestre. Como você explica o fato de uma das formas de combate ao mosquito ser eliminar focos de água parada?

Aprender sempre

1 Observe os filhotes das fotos abaixo e responda às questões.

Filhote de tartaruga-de-couro.

Filhote de lobo-guará.

a. Esses animais nascem do mesmo modo? Explique.

_____

b. Qual deles consegue sobreviver sem o cuidado dos pais logo que nasce?

_____

2 Leia o trecho abaixo e responda às questões.

Quem já viu sabe o quanto é bonita a luz de um vaga-lume na escuridão. Mas a capacidade de emitir luz desses insetos também é muito importante na reprodução. [...] machos e fêmeas [...] piscam bastante quando desejam acasalar [...].

Nesta conversa pisca-pisca, por vezes, ocorrem duelos entre machos que querem conquistar a mesma fêmea. Neste caso, a fêmea costuma escolher o macho que pisca com mais frequência e mais intensamente.

Vaga-lume que pode ser encontrado em florestas brasileiras.

Luiz Felipe Lima da Silveira. Duelo de pisca-pisca. Revista *Ciência Hoje das Crianças*, Rio de Janeiro, SBPC, n. 235, p. 8, jun. 2012.

a. Sobre o que é esse texto?

b. Um duelo é uma disputa. No caso do texto acima, como são os duelos entre os vaga-lumes machos? Qual é o motivo da disputa? Converse com os colegas.

3 Você conhece o papagaio-de-cara-roxa? Leia o texto a seguir sobre essa ave.

O papagaio-de-cara-roxa [...] vive em bandos nas florestas, preferindo as ilhas para repouso e reprodução. Costuma formar casais que se mantêm unidos durante um longo tempo e, muitas vezes, por toda a vida.

[...] As principais ameaças [...] são a destruição do seu ambiente, a floresta, e a retirada dos filhotes da natureza para o tráfico de animais. [...]

Papagaio-de-cara-roxa no galho de uma árvore.

Blog do papagaio-de-cara-roxa. Projeto de conservação do papagaio-de-cara-roxa. Disponível em: <http://papagaiodecararoxa.org.br/o-projeto/>. Acesso em: 22 set. 2017.

a. Como o papagaio-de-cara-roxa se reproduz? Escreva a frase do texto que comprova sua resposta.

_____

_____

_____

b. Quais são as principais ameaças a esse animal?

_____

_____

c. Que sugestão você daria às autoridades para preservar o papagaio-de-cara-roxa?

_____

_____

_____

_____

_____

CAPÍTULO 6

As plantas

As plantas estão em vários ambientes, tanto terrestres quanto aquáticos. Todas elas, grandes ou pequenas, dependem de componentes do ambiente para viver.

Observe a imagem a seguir, que mostra plantas que parecem brilhar como estrelas. Ela é do fotógrafo Marcio Cabral, que com essa foto foi vencedor de importantes concursos de fotografia.

Fotografia de Marcio Cabral, de 2014, que mostra um campo de plantas, conhecidas como chuveirinho, brilhando na escuridão da noite da Chapada dos Veadeiros, em Goiás.

▶ Você conhece um ambiente como esse?

▶ Qual parte da planta está brilhando?

▶ Você já viu alguma planta como essa?

▶ Plantas podem ser muito diferentes entre si. Pense em algumas que você conheça e converse com um colega sobre as diferenças entre elas.

O ciclo de vida das plantas

Assim como outros seres vivos, as plantas nascem, crescem e se desenvolvem, podem se reproduzir e morrem.

A maioria das plantas nasce de uma semente, como as laranjeiras. Quando a semente cai no solo e encontra condições adequadas, ela se desenvolve em uma planta. Diferentemente dos animais, as plantas não precisam buscar o seu alimento. Para viver, elas precisam de luz, ar, água e sais minerais do ambiente.

Ao atingir a fase adulta, a maioria das plantas pode produzir flores. As flores podem dar origem a frutos com sementes, e as sementes podem originar novas plantas. As plantas morrem depois de um tempo, completando o seu **ciclo de vida**.

1 Destaque as figuras da página 159 e cole cada uma delas nos espaços abaixo, ordenando corretamente as fases do ciclo de vida da laranjeira.

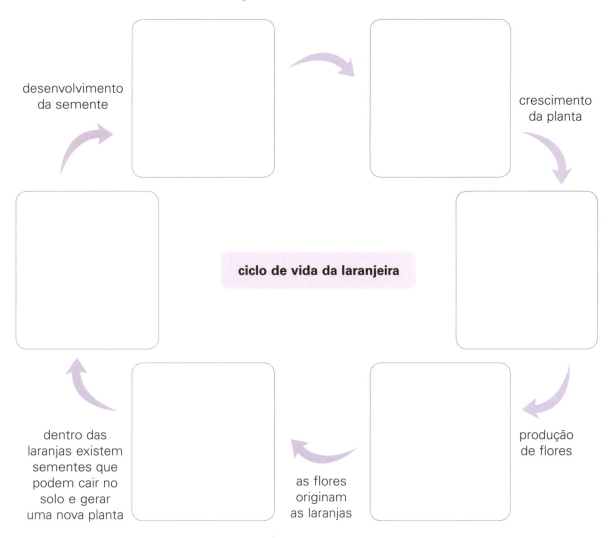

Na prática

Germinação do feijão e do alpiste

As sementes de feijão e de alpiste têm formas e cores diferentes, mas será que o desenvolvimento delas é igual? Nesta atividade vamos comparar alguns aspectos da germinação dessas sementes.

Você vai precisar de:

- sementes de feijão e de alpiste
- 2 copos de plástico transparente
- água
- papel-toalha
- régua

Experimente

1. Forre o interior dos copos com um pedaço de papel-toalha dobrado ao meio.

2. Coloque pedaços de papel-toalha amassados dentro dos copos.

3. Em um dos copos, coloque quatro sementes de feijão entre o plástico e o papel. Deixe espaços entre as sementes. No outro copo, coloque quatro sementes de alpiste, também entre o plástico e o papel. Deixe espaços entre as sementes.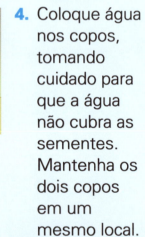

4. Coloque água nos copos, tomando cuidado para que a água não cubra as sementes. Mantenha os dois copos em um mesmo local.

5. No caderno, anote a data da montagem do experimento e o que você observou.

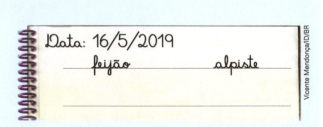

Data: 16/5/2019
feijão   alpiste

6. Observe as sementes nos dias seguintes, sempre no mesmo horário, até notar o início da germinação.

7. Faça um desenho das sementes germinando e registre no caderno tudo o que você observar.

8. Com a régua, meça o tamanho das estruturas formadas e anote.
9. Depois que os dois copos tiverem sementes germinando, faça observações a cada três dias, durante duas semanas. Ao fazer as observações, adicione água aos copos.
10. Anote no caderno o que você observou no desenvolvimento das plantas e faça desenhos. Observe aspectos como o formato e o número de folhas, além de medir com a régua o tamanho aproximado da raiz e do caule.

Responda

1 Compare a resposta que você deu antes do experimento com os resultados que você obteve. Eles são iguais? Então, sua suposição inicial foi confirmada ou não pelo experimento?

2 O desenvolvimento das duas sementes foi igual? Comente aspectos como:

a. o formato e o número de folhas da planta formada;

b. o tamanho da planta formada;

c. o formato da raiz;

d. o tempo para cada semente germinar.

3 Qual é o tipo de reprodução apresentada pelo feijoeiro? E pelo alpiste? Eles crescem a partir de qual estrutura?

4 As plantas cresceram nas mesmas condições? Explique.

Os grupos de plantas

Como vimos, a maior parte das plantas pode produzir sementes em algum momento da vida. Alguns exemplos são a laranjeira, a paineira, a araucária e o coqueiro. Algumas, porém, não produzem sementes. É o caso das samambaias. Segundo esse critério, as plantas se dividem em dois grupos, descritos a seguir.

Plantas sem sementes

Nesse grupo estão as plantas que não produzem sementes, flores e frutos, como as **samambaias**, as **samambaiaçus**, as **avencas** e os **musgos**.

Os musgos são plantas muito pequenas encontradas em locais úmidos. Eles podem crescer sobre o solo, as rochas ou os troncos de árvores.

As samambaias e as avencas vivem, geralmente, em locais frescos e sombreados. Muitas samambaias têm folhas grandes e delicadas e caule rasteiro, ou seja, que cresce próximo ao solo.

Musgos podem crescer sobre rochas úmidas.

Em matas úmidas, é comum encontrar samambaias próximas ao solo.

Plantas com sementes

Nesse grupo estão as plantas que podem produzir sementes. Algumas produzem também flores e frutos.

Existe uma variedade imensa de plantas que podem produzir sementes. Os coqueiros, a grama, o feijoeiro, os pinheiros e as goiabeiras, por exemplo, estão nesse grupo, ainda que sejam muito diferentes entre si.

Os abacates têm uma semente em seu interior e são os frutos do abacateiro.

■ Plantas com sementes "nuas"

Existem plantas que produzem sementes mas não desenvolvem frutos. Pinheiros, ciprestes, cicas e araucárias são exemplos desse tipo de planta. Como as sementes não são envolvidas por frutos, dizemos que essas plantas apresentam sementes **nuas**.

As sementes da araucária são os pinhões. Unidos e presos uns aos outros, os pinhões formam uma estrutura chamada pinha. Não existe fruto ao redor dos pinhões.

Nu: sem cobertura.

A semente da araucária, ou pinheiro-do--paraná, é o pinhão. O conjunto de pinhões forma uma pinha.

As cicas produzem sementes, mas não frutos.

1 Observe a cena e identifique nesta ilustração as plantas que você conhece. Depois, escreva, no caderno, o nome da planta que não tem sementes.

■ Plantas com sementes envolvidas por frutos

Muitas plantas produzem frutos, estruturas que envolvem as sementes. Os frutos podem ser de tamanhos, cores e formatos variados. Há frutos com muitas sementes, como o mamão, e frutos com apenas uma semente, como o abacate.

Alguns frutos são suculentos, como a laranja, o tomate e o abacate. Outros são secos, como os do jacarandá-mimoso, do ipê e do feijoeiro.

Plantas que têm frutos também produzem flores.

O mamão, fruto do mamoeiro, é suculento e com muitas sementes.

Os frutos do jacarandá-mimoso são secos. Quando estão maduros, eles se abrem e liberam as sementes.

2 Leia o poema abaixo e responda às questões no caderno.

[...]
Feijão-branco na salada
Para dar disposição
Pra fazer a feijoada
Feijão-preto de montão.
[...]
Também tem feijão-de-corda
Que é o mesmo que o fradinho
O *moyashi* e o rajado
Feijão jalo e o roxinho
[...]

Vários tipos de feijão.

César Obeid. *Rimas saborosas*. São Paulo: Moderna, 2009. p. 28.

a. O feijão corresponde a que parte da planta?

b. Você conhece alguns dos diferentes tipos de feijão citados no texto? Quais?

A vida das plantas

As plantas respiram, transpiram e precisam de água e alimento para sobreviver, assim como nós, seres humanos, e outros animais. Mas, ao contrário dos animais, as plantas são capazes de produzir o próprio alimento usando alguns componentes do ambiente.

A fotossíntese

A fotossíntese é um processo pelo qual a planta produz o alimento de que necessita. Esse processo não ocorre nos animais.

Para que a fotossíntese aconteça, a planta precisa de **luz**, **água** e **gás carbônico**. Quando algum desses componentes não está disponível, a planta não sobrevive.

A luz é absorvida por um **pigmento**, que dá a cor verde às plantas e está presente principalmente nas folhas. A água é absorvida pelas raízes. O gás carbônico é absorvido pelas folhas diretamente do ar.

Pigmento: substância que dá cor a algo.

Durante a fotossíntese, a planta libera gás oxigênio no ambiente. O gás oxigênio é usado na respiração das próprias plantas e de outros seres vivos, como os animais.

1 Com base no texto acima, complete cada quadro em branco da ilustração abaixo com o termo que está faltando.

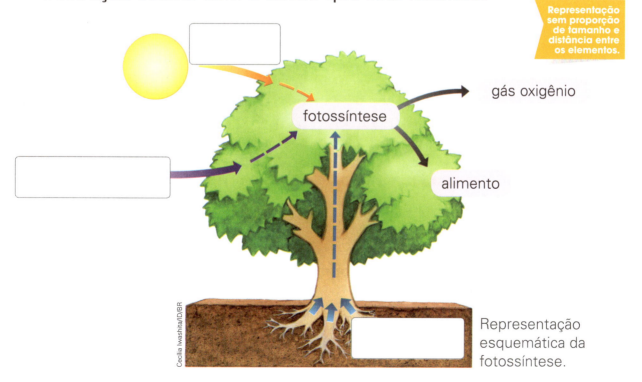

Representação sem proporção de tamanho e distância entre os elementos.

Representação esquemática da fotossíntese.

■ Reserva de alimento

Parte do alimento que as plantas produzem pode ser armazenada nas raízes, nos caules e nos frutos. Essa reserva, rica em energia, é usada pelas próprias plantas e pelos animais que se alimentam delas. Cenoura, beterraba e mandioca são exemplos de plantas que têm reservas nutritivas muito apreciadas pelos seres humanos.

As raízes de muitas espécies de plantas, como a batata-doce (**A**) e a mandioca (**B**), armazenam parte do alimento produzido na fotossíntese.

A respiração

Assim como os animais, as plantas respiram o tempo todo. Durante a respiração, elas usam o **gás oxigênio** do ambiente.

As plantas terrestres retiram o gás oxigênio do ar, e as plantas aquáticas usam o gás oxigênio dissolvido na água.

A elódea é uma planta aquática comum em aquários. Para respirar, ela usa o oxigênio dissolvido na água.

Mandioca: beiju, biscoitos e brinquedos
Disponível em: <http://www.disquequilombola.com.br/quilombola/mandioc/>. Acesso em: 10 out. 2017.

Acesse o *site* para saber a importância da mandioca para muitas comunidades quilombolas.

A transpiração

Você já percebeu que em locais onde há muitas plantas, como matas e parques, o ar é mais úmido e fresco? É que, ao **transpirar**, as plantas eliminam vapor de água. E a umidade do ar aumenta quando temos maior quantidade de vapor de água livre no ambiente. Por isso sentimos a sensação de frescor e umidade em ambientes onde há muita vegetação. Vamos entender melhor como a transpiração acontece?

A água absorvida pelas raízes é transportada através do caule e é então distribuída por toda a planta. Ao percorrer esse caminho, parte da água é usada na fotossíntese. Outra parte é perdida para o ambiente, na transpiração, principalmente através das folhas.

Representação esquemática da transpiração em uma árvore, processo que libera água em forma de vapor (invisível).

2 Estas fotos mostram dois ambientes. Em qual deles o ar deve ser mais úmido e fresco? Por quê?

Praça da Bandeira em Teresina, Piauí. Foto de 2015.

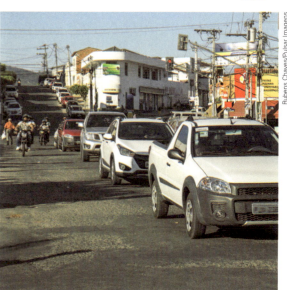

Tráfego de veículos em Jequié, Bahia. Foto de 2016.

Aprender sempre

1 As figuras abaixo representam dois grupos de plantas que você estudou. Complete a tabela de acordo com as características de cada grupo.

Nome	Araucária	Laranjeira
Há flor?		
Há fruto?		
Há semente?		

- Quais partes dessas plantas são comestíveis?

2 Dois vasos com plantas iguais receberam, diariamente, a mesma quantidade de água. Um deles foi mantido em local ensolarado e o outro foi guardado em um armário fechado.

Ao lado está a representação dos dois vasos alguns dias depois.

- Qual dos dois vasos ficou dentro do armário? Como você chegou a essa conclusão?

3 Em uma escola, um grupo de alunos fez um experimento para verificar uma característica das plantas. Eles cobriram um vaso de planta com um saco plástico e colocaram o vaso no pátio, onde batia sol.

a. Após algumas horas os alunos verificaram que no interior do saco apareceram algumas gotículas. De onde pode ter vindo essa água?

b. Qual processo das plantas pode estar relacionado ao que foi observado?

4 As ilustrações abaixo mostram partes de plantas.

laranja   tomate   abacate   mamão

a. Quais partes das plantas estão representadas nas ilustrações?
_____

b. Como você faria para ter um abacateiro em seu quintal?
_____
_____

c. De quais componentes do ambiente o abacateiro vai precisar para crescer?
_____

d. Por que é importante plantar árvores?

_____
_____
_____

5 Em dupla, retomem a atividade 1 da página 71.

a. No caderno, escreva o nome de duas plantas da imagem que produzem frutos comestíveis.

b. Escolham uma das plantas que produz semente e pesquisem como são as flores e os frutos dela. Façam, em uma folha avulsa, um desenho da planta que escolheram que mostre as estruturas pesquisadas.

CAPÍTULO 7
As plantas se reproduzem

Observe a imagem e leia a conversa entre as crianças.

- Em que tipo de plantação as crianças estão caminhando?
- As crianças mencionam uma parte do fruto chamada caroço. A que parte das plantas elas estão se referindo?
- Você já cultivou alguma planta? Se sim, qual? Como ela nasceu? Conte para os colegas.

A reprodução das plantas

Como já vimos, as plantas têm um ciclo de vida: elas nascem, crescem e se tornam adultas, podem se reproduzir e morrem. Nesse ciclo de vida, a reprodução das plantas pode acontecer de maneiras diferentes. Algumas delas se reproduzem apenas uma vez, como é o caso do feijoeiro. Outras podem produzir flores e frutos diversas vezes durante o ciclo de vida. É o caso do jequitibá.

1 O jequitibá é uma das maiores árvores brasileiras. Leia abaixo um dos trechos da canção "Uma bolinha marrom", sobre uma semente de jequitibá, e observe as imagens.

Era uma vez
uma bolinha marrom
que tinha uma asa
comprida
veio voando com o vento
girando girando
fazendo pirueta no ar

voou voou voou...
e quando vento parou

a bolinha
foi descendo devagar
[...]
e o tempo passou
ô ô
[...]
e a bolinha marrom
se transformou
na árvore mais alta da floresta
[...]

Hélio Ziskind. Uma bolinha marrom. Intérpretes: Hélio Ziskind e a turma do Cocoricó. Em: *O gigante da floresta*. São Paulo: MCD, 1 CD. Faixa 15.

a. Como é o tipo de reprodução do jequitibá?

b. Como é chamada a semente do jequitibá nessa canção?

Reprodução sem sementes

Você já viu alguém plantar uma folha e dela nascer uma nova planta? Experimente fazer **brotar** uma folha de violeta-africana em um copo com água. Observe que, depois de certo tempo, surgem raízes, e uma nova planta começa a crescer. Veja as imagens a seguir.

Brotar: desenvolver-se, nascer.

As folhas da violeta-africana podem brotar e dar origem a novas plantas.

Há outras plantas que podem se reproduzir de pedaços do caule ou da raiz. Veja alguns exemplos.

A cana-de-açúcar pode se reproduzir de pedaços do próprio caule.

Novas plantas de batata-doce são obtidas de pedaços de raízes.

1 Observe, na ilustração, duas formas de reprodução das plantas e identifique cada uma delas nas linhas abaixo.

_____   _____

Na prática

Brotar batatas em garrafas

Será que a batata se reproduz sem sementes? Vamos verificar com a atividade a seguir.

Você vai precisar de:

- 1 garrafa de plástico de 2 litros
- 4 gravetos ou palitos de churrasco sem ponta
- 1 batata
- água
- tesoura com pontas arredondadas

Experimente

1. Peça a um adulto que corte a garrafa ao meio e espete a batata com os palitos.

   Os palitos devem ficar com a mesma distância uns dos outros.

2. Você vai usar a parte de baixo da garrafa como um vaso. Encha essa parte da garrafa com água até três dedos abaixo da abertura e coloque a batata dentro. Os palitos devem ficar apoiados na boca da garrafa, e uma parte da batata deve encostar na água.

3. A cada três dias, observe o que acontece com a batata. No caderno, anote cada mudança, ao lado da data de observação.

Atenção!

Tome cuidado com as bordas da garrafa, que podem ser cortantes.

Responda

1. Que tipo de reprodução acontece no experimento com a batata?

2. Nesse experimento, de qual parte a planta se reproduz?

Reprodução com sementes

Vimos que muitas plantas se reproduzem das sementes. Mas de onde vêm essas sementes? Vamos acompanhar a seguir.

Partes da flor

As flores participam da primeira etapa da reprodução de muitas plantas. São elas que dão origem aos frutos e às sementes. Observe a figura abaixo, de uma flor representada em corte.

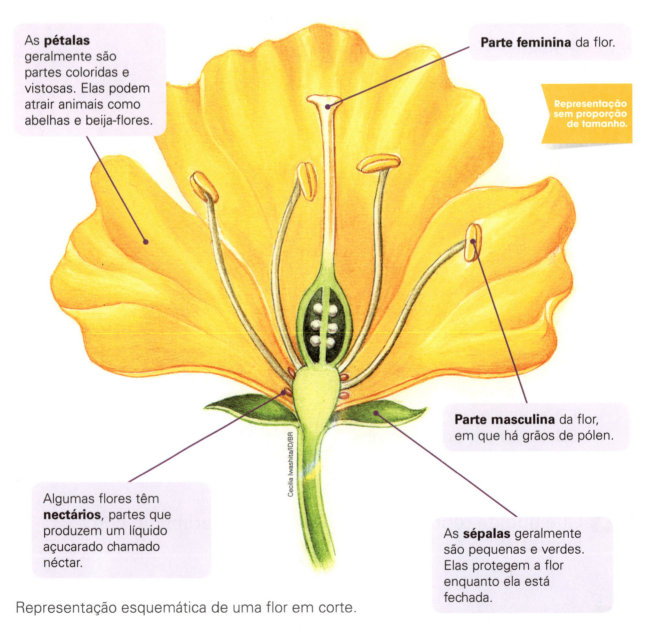

As **pétalas** geralmente são partes coloridas e vistosas. Elas podem atrair animais como abelhas e beija-flores.

Parte feminina da flor.

Representação sem proporção de tamanho.

Parte masculina da flor, em que há grãos de pólen.

Algumas flores têm **nectários**, partes que produzem um líquido açucarado chamado néctar.

As **sépalas** geralmente são pequenas e verdes. Elas protegem a flor enquanto ela está fechada.

Representação esquemática de uma flor em corte.

Apenas as partes femininas e masculinas participam diretamente da reprodução. As outras partes protegem a flor ou atraem animais para ela.

Polinização

A parte masculina da flor produz pequenos grãos, chamados de **grãos de pólen**. Para que a semente se forme, é preciso que os grãos de pólen sejam transportados da parte masculina até a parte feminina da flor.

O transporte de grãos de pólen da parte masculina até a parte feminina da flor é chamado **polinização**.

Grãos de pólen produzidos na parte masculina da flor.

1 O inseto pousa na flor do maracujazeiro enquanto se alimenta do néctar.

2 Grãos de pólen ficam grudados em seu corpo.

Representação sem proporção de tamanho e distância entre os elementos.

ACESSE O RECURSO DIGITAL

3 O inseto pousa em outra flor. Os grãos de pólen ficam presos na parte feminina da flor.

4 Depois de certo tempo, as pétalas e outras partes da flor polinizada secam. O maracujá, que é o fruto, começa a se desenvolver.

5 O maracujá amadurece. Ele contém as sementes, que podem germinar e originar novas plantas.

A polinização pode ser realizada pelo vento ou por animais, como insetos, beija-flores e morcegos. Os animais polinizadores se deslocam de flor em flor em busca de certas substâncias, como o **néctar**. Enquanto fazem isso, levam os grãos de pólen de uma flor a outra.

Néctar: líquido açucarado produzido por algumas flores.

Enquanto o beija-flor se alimenta do néctar dessa outra flor, ele deixa grãos de pólen na parte feminina, polinizando-a.

Flores pouco vistosas, como as flores do milho, têm seu pólen espalhado pelo vento.

Como as sementes se espalham

Algum tempo depois da polinização, as pétalas e outras partes da flor murcham e caem. A parte feminina se desenvolve e dá origem ao fruto. Dentro dele estão as sementes.

Quando os frutos estão maduros, as sementes em seu interior estão prontas para dar origem a uma nova planta. Algumas sementes se desenvolvem perto da planta de origem, como acontece com a mamona. Outras são levadas para longe, carregadas pelo vento, como acontece com a espatódea.

Quando está maduro, o fruto da mamona se abre e lança as sementes ao chão.

Depois que o fruto seco da espatódea se abre, as sementes são dispersas pelo vento.

Algumas sementes são, ainda, espalhada por animais. Veja alguns casos abaixo.

A cutia come frutos carnosos, e as sementes são eliminadas em suas fezes. Ao se deslocar, a cutia espalha essas sementes.

O carrapicho é um fruto seco. Possui muitos espinhos pequenos que grudam no corpo de animais ou na vestimenta de pessoas. Assim, suas sementes são levadas para longe.

Surgimento de uma nova planta

Nem todas as sementes produzidas dão origem a novas plantas. Algumas sementes não encontram condições adequadas no ambiente para germinar.

Para dar origem a uma nova planta, a semente precisa de gás oxigênio, água e temperatura adequada.

Quando a semente está em um ambiente com essas condições, ela pode se desenvolver. O desenvolvimento da semente em uma nova planta é chamado de **germinação**.

Em geral, a raiz é a primeira parte que se desenvolve em uma planta.

As sementes contêm uma reserva de alimento que é usada pela planta nos primeiros dias após a germinação.

Depois que a reserva nutritiva acaba, as plantas jovens são capazes de produzir o próprio alimento pela fotossíntese.

1 Além da polinização, de que outro modo os animais podem participar da reprodução das plantas?

Pessoas e lugares

Alimento e cura: pecuaristas familiares e as plantas

No estado do Rio Grande do Sul, na região do Pampa, vivem muitas **comunidades tradicionais**. Entre elas estão as comunidades conhecidas como **pecuaristas familiares**. Elas têm um modo de vida relacionado à criação de animais em campo nativo e ao plantio de roças, principalmente para consumo familiar.

As principais expressões culturais dessas comunidades estão relacionadas ao convívio diário com o cavalo e o gado. Para lidar com os animais, usam vestimentas como **bombachas**, **ponchos** e chapéus. Diariamente, tomam o tradicional **chimarrão**, bebida preparada com erva-mate moída e colocada em uma cuia com água quente.

As plantas são também muito importantes no cotidiano dessas comunidades. A diversidade de alimentos obtidos no plantio das roças contribui para a manutenção de uma alimentação equilibrada e saudável. Sobre isso, leia o relato na página a seguir.

Fonte de pesquisa: *Meu 1º atlas*. Rio de Janeiro. IBGE, 2012. p. 120.

Pecuaristas familiares que vivem no Pampa. Município de Quaraí, Rio Grande do Sul. Foto de 2016.

Bombacha: calça larga, abotoada no tornozelo.
Poncho: espécie de capa de lã grossa vestida pela cabeça e apoiada sobre os ombros.

[...] A base da alimentação da gente aqui é campeira. De manhã, é o café e o pão feito em casa, de meio-dia, é arroz, feijão, alguma verdura que a gente colhe e a carne. [...] Plantávamos o milho catete, [...] colhia e fazia no pilão pra fazer o bolinho de milho, fazer angu... fazíamos a canjica temperada com mel. [...] A gente tem as frutas nativas: a pitanga, o guabiju, o butiá... [...]

Juliana Mazurana, Jaqueline Evangelista Dias e Lourdes Cardozo Laureano. *Povos e comunidades tradicionais do Pampa*. Porto Alegre: Fundação Luterana de Diaconia, 2016. Disponível em: <http://www.comitepampa.com.br/page/livro-para-download/>. Acesso em: 30 ago. 2017.

Diversidade de milhos cultivados pela comunidade.

Nos campos nativos existem muitos tipos de plantas, como o capim-caninha e o rabo-de-burro. Elas servem de pastagem, alimento para os animais. Plantas medicinais também crescem nos campos e nos capões de mata. São exemplos o alecrim-do-campo, o cabelo-de-porco e a coronilha. Tanto essas quanto as plantas cultivadas são usadas na forma de chás e remédios caseiros para o tratamento de males diversos.

Paisagem do Pampa no Rio Grande do Sul. Município de Quaraí. Foto de 2016.

1. De que traço cultural de pecuaristas familiares você mais gosta?
2. As plantas são parte importante do cotidiano dessas comunidades? Justifique com base no texto.
3. Com a ajuda do professor, pesquise que outros povos e comunidades tradicionais vivem no Pampa, além de pecuaristas familiares.

Aprender sempre

1 Leia o texto com atenção e responda às questões.

Parceria na natureza

[...] Na polinização, os morcegos visitam diversas flores em uma mesma noite à procura de néctar (ou pólen, em alguns casos), carregando os grãos de pólen de uma [flor] a outra [...]. Essa interação é muito importante para o processo de reprodução [...] de algumas espécies vegetais [...].

Dispersão de sementes e a fertilização das florestas. Ambiente natural. Disponível em: <http://ambientes.ambientebrasil.com.br/natural/artigos/dispersao_de_sementes_e_a_fertilizacao_das_florestas.html>. Acesso em: 22 set. 2017.

a. Por que os morcegos visitam diversas flores em uma mesma noite?

_____

b. Por que as plantas também dependem dos morcegos?

_____
_____
_____

c. Forme dupla com um colega para responder oralmente: Por que o título do texto é "Parceria na natureza"? Qual a importância desse tipo de parceria?

2 As fortes chuvas da primavera derrubaram quase todas as flores da plantação de pêssegos. Como será a colheita de pêssegos deste ano?

_____
_____
_____

3 Observe a imagem. Como você explicaria a essas crianças o que aconteceu? Converse com o colega.

ENGRAÇADO... NINGUÉM PLANTOU NADA NESTA ÁREA. COMO ESTA PLANTA CHEGOU AQUI?

4 As fotos abaixo mostram a formação do fruto da aboboreira. Relacione cada foto à legenda mais adequada.

O fruto se desenvolveu e dentro dele estão as sementes. Onde existia a flor, que murchou e secou, ficou uma marca.

A flor da aboboreira já foi polinizada, e esse acontecimento deu início à formação do fruto.

Nessa foto, o fruto está se desenvolvendo e a flor está murchando.

a. Por que podemos afirmar que a flor da aboboreira foi polinizada?

_____

_____

b. Por quais transformações o fruto passa enquanto se desenvolve? O que acontece com a flor durante esse processo?

_____

_____

oitenta e nove **89**

CAPÍTULO 8

A importância das plantas

Pode ser em um mangue ou em uma praça. Em um campo ou em um canteiro. Em uma grande floresta ou em um modesto vasinho na sala de casa. As plantas estão presentes em muitos ambientes. E em um único jardim, como o da imagem abaixo, é possível perceber a enorme variedade das plantas.

Jardins de Monet, em Giverny, na França. Foto de 2013.

- Que animais você acha que vivem nesse jardim? Converse com os colegas e, juntos, levantem alguns exemplos.

- Imagine que as plantas desse jardim sumissem. O que você acha que aconteceria com os animais que você citou na atividade anterior?

- Para você, qual é a importância de ambientes como esse jardim para os animais, incluindo o ser humano?

- Você já foi a algum parque ou jardim em sua cidade? Se sim, converse com os colegas sobre as plantas que viu nesse lugar e sobre aquelas de que mais gostou.

As plantas produzem alimento

Os seres vivos são muito diferentes uns dos outros. Mas todos eles precisam de alimento para sobreviver.

Vimos que as plantas são capazes de produzir o próprio alimento. Elas usam luz, água e gás carbônico para produzir substâncias que as nutrem, em um processo conhecido como **fotossíntese**.

Muitos animais se alimentam exclusivamente de plantas. Os que não se alimentam diretamente delas consomem seres vivos que se alimentam de plantas. Por exemplo, a onça não come plantas, mas caça animais, como o veado, que se alimenta de folhas. As plantas são, portanto, a base da alimentação de grande parte dos seres vivos do planeta que habitamos.

Cactos são plantas. Eles produzem o próprio alimento por meio da fotossíntese. Parque Nacional da Serra da Capivara, Piauí. Foto de 2015.

Veados se alimentam apenas de plantas.

A onça caça veados e outros animais.

1 Tente se lembrar das plantas que você consome no dia a dia. Faça uma lista dessas plantas no caderno e, depois, troque informações com os colegas.

As plantas fornecem materiais e abrigo

As plantas podem ser usadas de várias formas pelos animais.

Muitas aves usam galhos e folhas de plantas para montar ninhos e assim poder acomodar seus ovos e seus filhotes.

Roedores, insetos e macacos usam árvores como abrigo ou para fugir de animais perigosos, seja abrindo buracos nos troncos, seja passando parte do dia ou da noite em galhos. Pererecas podem se abrigar dentro de bromélias.

As plantas contribuem para a boa qualidade de vida no ambiente ao liberar gás oxigênio, no processo de fotossíntese, e vapor de água no ar, no processo de transpiração.

Arara-azul-grande abrigada no tronco de uma árvore.

Ninho da lagarta-do-pinheiro feito nos galhos da árvore.

O gás oxigênio é necessário para a respiração de muitos seres vivos, como os animais.

Já o vapor de água refresca o ambiente e umidifica o ar. Assim, temperaturas muito altas podem se tornar mais amenas e agradáveis aos seres vivos em geral, e o aumento da umidade evita que o ar fique muito seco.

O mulungu e seus amigos
Disponível em: <https://www.youtube.com/watch?v=SHyJ8HJviqg>. Acesso em: 16 nov. 2017.

Acompanhe Pedro em uma excursão pelo seu quintal, onde ele encontra o mulungu e a interessante convivência dele com plantas e animais, cada um deles com uma característica mais estranha e mais fantástica que a outra.

1 Daniela está estudando as relações entre as plantas e outros seres vivos. Ela fez observações no jardim de sua avó e, depois de pesquisar, escreveu o seguinte texto:

> Muitas aranhas se alimentam de insetos.
> Algumas delas constroem teias em plantas, nos galhos e folhas próximos a flores.
> Com a teia, as aranhas podem capturar borboletas que vêm se alimentar do néctar das flores.

a. Circule os seres vivos que são mencionados no texto.

b. Que informações sobre a alimentação desses seres vivos Daniela escreveu em seu texto? Responda no caderno.

2 Leia o texto a seguir e converse com os colegas.

O sabiá-laranjeira é um dos símbolos do Brasil. Ele se alimenta de pequenos animais, como insetos e minhocas, e também de vários tipos de frutos. Depois de comer frutos, o sabiá elimina as sementes. Dessas sementes podem nascer novas plantas.

Um sabiá e seus filhotes em ninho sobre um galho de uma árvore.

Além de se alimentar de plantas, os sabiás usam partes delas, como galhos e folhas, para construir ninhos e abrigar seus filhotes. Os ninhos são feitos geralmente sobre árvores ou arbustos e têm o formato de uma tigela.

Texto para fins didáticos.

a. Você já viu sabiá-laranjeira perto de onde você mora? Caso já tenha visto, como era o canto dele?

b. Para quais fins o sabiá-laranjeira usa as plantas?

c. Por que o sabiá-laranjeira é importante para algumas plantas?

O uso das plantas pelos seres humanos

O ser humano usa plantas em muitas de suas atividades. Algumas dessas plantas são **cultivadas**, isto é, são plantadas e colhidas pelos seres humanos. Outras são apenas **coletadas** diretamente de seu ambiente natural, onde nascem e crescem sem intervenção humana.

Plantas cultivadas

Muitas das plantas cultivadas, como a mandioca, a batata, o trigo e o milho, são a base da alimentação de populações humanas em todo o mundo.

Existem também plantas que são cultivadas para servir de **matéria-prima**. Por exemplo, o algodoeiro, de onde se obtém o algodão para produzir roupas, a cana-de-açúcar para a produção de etanol e as plantas medicinais para produzir remédios.

A cana-de-açúcar é usada na alimentação humana e na produção de etanol, um combustível. Lençóis Paulista, São Paulo. Foto de 2014.

Matéria-prima: aquilo que é usado para fabricar algum produto.

Plantas coletadas

Na natureza, existem muitas plantas que nascem e crescem sem intervenção humana. Quando coletadas de matas, campos e mangues, por exemplo, elas podem ser usadas para diversos fins. As folhas do babaçu, por exemplo, são coletadas e usadas para fabricar cestos e tapetes. Quando são trançadas, elas servem para fazer telhados.

Casa de pau-a-pique com telhado de folhas de palmeira babaçu. Caxias, Maranhão. Foto de 2014.

Em muitos casos, ao se fazer a coleta, a planta é totalmente retirada de seu ambiente. Isso acontece com as árvores na coleta de madeira.

Os deliciosos vegetais

Muitos alimentos que consumimos em nosso dia a dia são partes de plantas. As plantas também são usadas como ingrediente básico para a fabricação de alimentos industrializados, como pães, farinhas, café, chocolate e óleos.

1 Observe o quadro abaixo e desembaralhe as letras para descobrir o nome dos alimentos. Depois, faça a atividade proposta.

Raiz	BTEABRERA	CUENROA	MIOADCNA
Caule	CNAA-ED-ÇAÚCRA	BATTAA	GBRNEGIE
Folha	AALFCE	AGIÃRO	EPSINRFAE
Flor	COEUV-LOFR	BRIOCLÓS	ALCCAFRHOA
Fruto	TAMTOE	BREINLEJA	LRAAJNA
Semente	SJOA	FJÃEIO	EVLRIHA

■ Contorne no quadro três alimentos que você já experimentou. Escreva o nome deles e que parte da planta eles são.

Os tecidos que vestimos

Os tecidos de nossas roupas, como o algodão, o linho e a juta, são fabricados a partir de plantas. As fibras da juta também são usadas para produzir sacos, cordas, tapetes, entre outras mercadorias.

Plantação de algodão em Campo Grande, Mato Grosso do Sul. As fibras do algodão ficam ao redor das sementes. Foto de 2014.

Fardos de algodão prensado após colheita na zona rural. Cristalina, Goiás. Foto de 2016.

Madeira para construir

A madeira obtida dos troncos de árvores pode ser usada para fabricar móveis, brinquedos e muitos outros objetos, além de servir para construir casas e como lenha ou carvão.

Durante anos, florestas têm sido destruídas para retirar a madeira de árvores, como o cedro e o mogno. Em muitos casos, essas árvores não são replantadas e correm o risco de desaparecer do ambiente. Por isso, existem leis que protegem as plantas da exploração que causa riscos a sua existência. Atualmente, muitos objetos são fabricados com madeira de reflorestamento. Isso quer dizer que a madeira foi retirada de árvores cultivadas, como o eucalipto.

Brinquedos feitos de fibra de miriti. Para extrair as fibras, é preciso cortar apenas as folhas da planta.

Brinquedo feito com madeira de reflorestamento. Essa prática evita o desmatamento de áreas florestais.

O uso do papel no dia a dia

O papel que usamos é feito principalmente da madeira do eucalipto. Os eucaliptos são plantados e, após alguns anos, são cortados e então levados para fábricas que produzem papel. O tronco é descascado, e a madeira é transformada em pasta de **celulose**. Essa pasta passa por alguns processos até virar papel.

Celulose: substância produzida pelas plantas e utilizada na fabricação de papel.

Plantação de eucalipto em Sacramento, Minas Gerais. Foto de 2014.

Interior de indústria brasileira de produção de papel em Indaial, Santa Catarina. Foto de 2014.

2 Você aprendeu que vários alimentos que consumimos são partes de plantas. Escreva como seria sua refeição favorita. Procure incluir pelo menos três partes diferentes de plantas.

_____

_____

_____

3 Escreva os nomes das plantas usadas para fabricar os produtos representados a seguir.

Pessoas e lugares

Os brinquedos de Abaetetuba

Abaetetuba é um município do estado do Pará (no Norte do Brasil) que fica às margens do rio Maratauíra. Veja no mapa ao lado a localização desse município.

Originalmente, o território de Abaetetuba era povoado por diversas populações indígenas. Em meados dos anos 1700, os portugueses estabeleceram-se na região.

Fonte de pesquisa: *Meu 1º atlas*. Rio de Janeiro: IBGE, 2012. p. 106.

Na região de Abaetetuba existe um tipo de palmeira chamado **miriti** ou **buriti-do-brejo**. Parte da população usa essa palmeira como fonte de materiais para confecção de objetos de uso cotidiano ou para venda. Para isso, são cortados apenas os ramos próximos às folhas. Além de usar o caule da palmeira para artesanato, é comum a preparação de mingau com os frutos e a confecção de redes com as folhas.

Pela importância do miriti no cotidiano de certas comunidades, já que todas as partes dele podem ser aproveitadas, alguns grupos indígenas chamam essa palmeira de **árvore da vida**.

Miritis no Pará. Foto de 2017. Essa árvore cresce em terrenos alagados.

Muitos moradores de Abaetetuba trabalham como artesãos, fabricando brinquedos, como carrinhos, animais e bonecas, feitos de partes da palmeira, que cresce em terrenos alagados.

A produção de brinquedos de miriti traz diversos benefícios às pessoas e ao ambiente, pois garante o sustento de muitas famílias e incentiva a preservação dessas árvores.

Muitas crianças da região aprendem a construir brinquedos de miriti.

Brinquedos feitos com o caule do miriti.

1. Em que tipo de ambiente o miriti se desenvolve?

2. Por que a extração da matéria-prima do miriti para o artesanato não prejudica a árvore?

3. Por que a produção de brinquedos de miriti é importante para a população de Abaetetuba?

4. Desenhe, em uma folha avulsa, o projeto de um brinquedo que você poderia produzir com os recursos oferecidos pelo miriti. Abaixo do desenho, faça uma lista de materiais necessários para construir o seu brinquedo.

Aprender sempre

1 Carlos e Eduardo fizeram uma lista dos ingredientes necessários para preparar um bolo de banana com chocolate.

> **Bolo de banana com chocolate**
> Ingredientes:
> 3 bananas   1 copo de açúcar
> 5 ovos   1 pitada de fermento
> 1 copo de farinha 2 colheres de chocolate
> de trigo   em pó

a. Contorne, na lista, os alimentos provenientes de plantas.

b. Quais alimentos citados na lista são industrializados? De quais plantas eles são feitos?

_____

_____

2 Reúna-se com dois colegas e leiam os trechos da notícia abaixo.

> A Polícia Federal de São José dos Campos [...] apreendeu 50 potes de palmitos extraídos ilegalmente [...] em uma casa em Aparecida (SP).
> [...] um pote de palmito, como os que foram apreendidos, equivale a até cinco árvores destruídas. "Uma palmeira juçara demora de 7 a 10 anos para dar palmito." [...]

Homem é preso e 50 potes de palmito apreendidos em operação da Polícia Federal em Aparecida. G1. 22 ago. 2017. Disponível em: <https://g1.globo.com/sp/vale-do-paraiba-regiao/noticia/homem-e-preso-e-50-potes-de-palmito-apreendidos-em-operacao-da-policia-federal-em-aparecida.ghtml>. Acesso em: 16 out. 2017.

Façam uma pesquisa sobre o palmito-juçara. Depois, escrevam no caderno um pequeno texto que inclua informações sobre:

- onde a árvore é encontrada;
- por que é cortada;
- o que pode ser feito para evitar seu desaparecimento.

3 Conheça esta lenda sobre a mandioca:

Mani tinha alma bondosa. A tribo gostava muito dela.
Porém, a garotinha não viveu muito tempo. [...]
Todo seu povo ficou de **luto** e o cacique mandou enterrá-la dentro de sua própria **maloca**.
Dia após dia, os índios iam regar o local [...].
Até que notaram [...] uma planta desconhecida nascendo. Ela crescia com um caule fino e comprido. [...]
Chegou um dia em que a terra ao redor do caule se fendeu e, na base do vegetal, apareceram grossas raízes. Os índios resolveram cortá-las. [...]
Descascaram as raízes e as comeram cozidas. [...]
A planta passou a ser chamada de "manioca", que queria dizer "a casa da Mani". E "manioca" logo virou "mandioca" na boca do caboclo.

Luto: sentimento de tristeza pela morte de alguém.
Maloca: moradia indígena.

Adriano Messias. *Lendas de frutas e árvores do Brasil*. São Paulo: Cultura, 2013. p. 66.

a. Sublinhe os trechos do texto que descrevem as partes da mandioca.

b. Qual parte da planta de mandioca os indígenas comeram? Como ela foi consumida?

c. Em sua opinião, que atitude dos indígenas fez a planta nascer?

4 Em trios, façam uma lista dos objetos de madeira que existem na sala de aula.

CAPÍTULO 9

O corpo humano

O corpo humano está o tempo todo em atividade. Ao olharmos o corpo externamente, muitas dessas atividades são imperceptíveis. Porém, por dentro, o corpo não para. Você imagina como é nosso corpo por dentro? Observe a imagem abaixo.

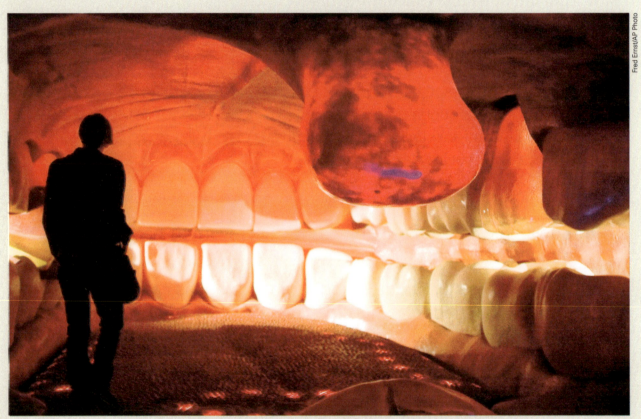

Visitante no museu Corpus, na Holanda, que contém modelos em grande escala de partes do corpo humano. Foto de 2008.

- Que parte do corpo humano é mostrada na imagem? Você sabe qual é a função dela?

- Dentro do corpo, o coração bate e o sangue circula. O que mais acontece?

- Observe o modelo mostrado na foto, analise seu tamanho, cor e formato. Compare essas características com as mesmas estruturas no seu corpo. Em sua opinião, por que esse modelo foi feito dessa maneira?

Partes do corpo humano

O corpo humano é formado por diferentes partes. Cada uma delas tem um papel no funcionamento do organismo. Os **órgãos**, por exemplo, são algumas das partes que compõem o corpo humano. Eles podem estar dentro do corpo, como o cérebro, constituindo os **órgãos internos**, ou estar expostos, como a pele, constituindo os **órgãos externos**.

Alguns órgãos internos

Veja, na figura abaixo, alguns dos órgãos internos do nosso organismo e como eles colaboram para o seu funcionamento.

Cérebro
Coordena o funcionamento dos outros órgãos. Ele permite que as pessoas pensem, falem, se movam e tenham sentimentos, por exemplo.

Pulmões
Participam da respiração. O ar que entra em nosso corpo vai para os pulmões, onde o gás oxigênio é transferido para o sangue.

Rins
Filtram o sangue, isto é, retiram dele substâncias que fazem mal ao corpo. Essas substâncias passam a fazer parte da urina.

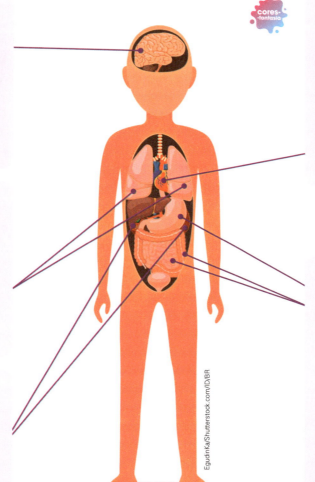

Coração
Bombeia o sangue para que ele circule pelo corpo dentro de vasos sanguíneos. O tamanho de seu coração é, aproximadamente, o tamanho de sua mão fechada.

Estômago e intestinos
O alimento é mastigado na boca. Depois de engolido, ele passa pelo estômago e pelos intestinos, onde será digerido. O que não for absorvido pelo corpo vai formar as fezes, que são eliminadas.

Representação de alguns órgãos internos do corpo humano. Estão ilustrados apenas parte dos rins, porque eles se localizam atrás dos outros órgãos representados na mesma região do corpo.

Fonte de pesquisa da ilustração: G. J. Tortora e S. R. Grabowski. *Corpo humano*. Porto Alegre: Artmed, 2006. p. 13.

Esqueleto e músculos

Dentro do corpo humano também existem ossos e músculos.

Os **ossos** são órgãos duros e resistentes. O conjunto de ossos é chamado **esqueleto**. O esqueleto sustenta o corpo, protege órgãos internos e possibilita a locomoção. Em geral, o corpo humano adulto tem 206 ossos.

Os **músculos** também são órgãos ligados à locomoção e atuam nos diversos movimentos do corpo, tanto de órgãos internos quanto de externos, além de permitirem as expressões faciais.

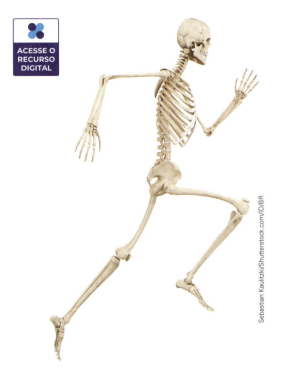

Representação esquemática do aspecto geral do esqueleto humano.

Representação esquemática do aspecto geral dos músculos do corpo humano.

Fonte de pesquisa das ilustrações: G. J. Tortora e S. R. Grabowski. *Corpo humano*. Porto Alegre: Artmed, 2006. p. 127.

Alguns músculos estão ligados aos ossos. Esses músculos podem se contrair, ficando mais curtos, ou relaxar, voltando ao tamanho inicial. Quando contraem ou relaxam, os músculos movem os ossos aos quais estão ligados e possibilitam o movimento do corpo.

1 Estenda seu braço esquerdo, deixando a palma da mão aberta e virada para cima. Coloque a mão direita sobre seu braço esquerdo contornando-o um pouco abaixo do ombro. Dobre o braço esquerdo várias vezes, lentamente. O que você sente mexer enquanto realiza o movimento?

Examinando o corpo por dentro

Usando equipamentos especiais, os médicos conseguem observar como estão nossos órgãos internos. Assim, podemos saber como cuidar melhor da saúde do nosso corpo.

Por exemplo, a **radiografia**, chamada popularmente "**raio X**", permite que vejamos os ossos e alguns outros órgãos internos, como os pulmões. A radiografia pode ser útil, por exemplo, para saber se algum osso está quebrado após uma queda.

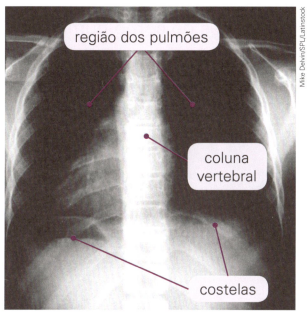

Radiografia da região do peito.

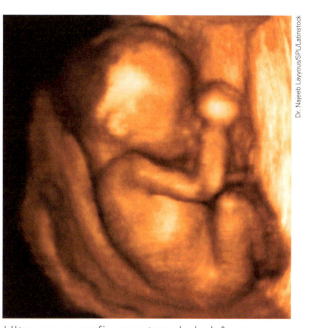

Ultrassonografia mostrando bebê na barriga da mãe.

Partes internas do corpo que não aparecem em radiografias podem ser vistas em uma **ultrassonografia**. Esse exame é usado, por exemplo, para observar o bebê dentro da barriga da mãe.

Há também exames que não mostram imagens do corpo, mas permitem saber o que acontece dentro dele. Por exemplo, a **auscultação** consiste em escutar os sons produzidos pelo coração, pelos pulmões e por outros órgãos internos. Para isso, usa-se um aparelho chamado **estetoscópio**.

O estetoscópio é colocado no peito e nas costas do paciente na hora do exame.

1 Na página anterior há uma foto de uma médica auscultando um paciente.

a. Que sons ela está ouvindo? Como você sabe?

_____

_____

b. Você já fez um exame como esse? Conte aos colegas como foi.

2 As radiografias abaixo mostram que partes do corpo humano?

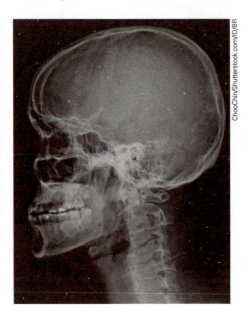
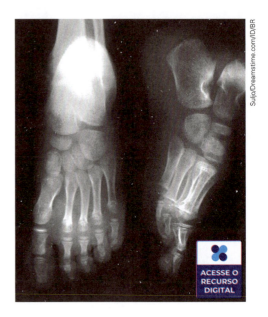

_____   _____

3 É importante realizar atividades físicas, pois elas desenvolvem e fortalecem os músculos, mantendo-os saudáveis. Conte para um colega como você cuida do seu corpo.

4 Em uma folha avulsa, desenhe as atividades físicas que você pratica. Escreva abaixo por que gosta de praticá-las.

_____

_____

_____

_____

O revestimento do corpo

A **pele** é o maior órgão do corpo humano. Diferentemente dos órgãos que estudamos até aqui, ela é um **órgão externo**, que envolve o corpo.

Funções da pele

A pele é uma barreira de proteção do corpo contra agentes externos, como os microrganismos que causam doenças. Ela também protege o corpo contra os **raios ultravioleta**, que são emitidos pelo Sol e podem causar danos à saúde. A pele ainda ajuda a manter a temperatura do corpo e está relacionada ao sentido do tato.

■ Tato

Por meio do tato percebemos sensações como frio e calor. Com o tato também podemos identificar a textura de um objeto, ou seja, se ele é liso ou áspero, por exemplo.

Teclado adaptado para pessoas cegas ou com baixa visão. O tato é utilizado para reconhecer as letras.

■ Proteção dos raios solares

Na pele existe uma substância chamada **melanina**.

A cor da pele, bem como a cor dos olhos e dos cabelos, está relacionada à quantidade dessa substância em nosso corpo. Quanto mais escura a pele, mais melanina ela tem.

As pessoas podem apresentar diferentes tons de pele.

cento e sete

Cuidados com a pele

A melanina é muito importante, pois nos protege da ação dos raios ultravioleta. Quando uma pessoa se expõe ao sol, a produção de melanina aumenta, bronzeando a pele.

Quando a exposição ao sol é muito intensa, a melanina produzida não é suficiente para proteger a pele. Por isso, evite tomar sol por tempo prolongado e use protetor solar e chapéu ou boné.

Os protetores ou bloqueadores solares são classificados por um número chamado **fator de proteção solar** ou **FPS**. Quanto maior esse número, maior a proteção contra os raios ultravioleta do Sol. Os protetores devem ser aplicados várias vezes ao dia e sempre que a pessoa sair da água ou transpirar muito.

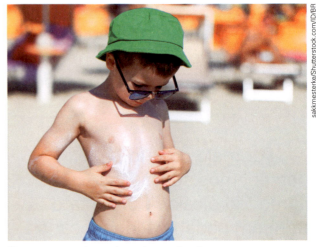
Protetor solar, chapéu e óculos escuros ajudam a nos proteger do sol.

▪ Ferimentos na pele

A proteção que a pele proporciona contra microrganismos pode ser prejudicada quando nos cortamos, nos arranhamos ou nos queimamos.

Não manipule objetos cortantes ou quentes sem a ajuda de um adulto. Se você se machucar, peça ajuda a um adulto para realizar o tratamento.

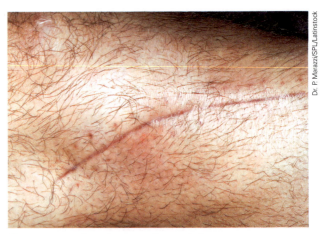
Cortes profundos podem deixar uma marca na pele chamada cicatriz.

> **Jogo "Sol, amigo da infância"**
> Disponível em: <http://solamigodainfancia.com.br/jogo/index.html>. Acesso em: 26 set. 2017.
>
> Esse jogo informa os horários apropriados para se expor ao sol, assim como os cuidados que devem ser tomados. Ao final, você produz um quadro colorido que pode ser enviado a galeria da página.

Anexos da pele

A parte que vemos da nossa pele é apenas a superfície dela. Existem camadas mais profundas, que não ficam expostas, onde, por exemplo, estão as raízes dos cabelos, dos pelos e das unhas.

Cabelos, **pelos** e **unhas** são formados por uma substância chamada **queratina**, que dá resistência a essas estruturas.

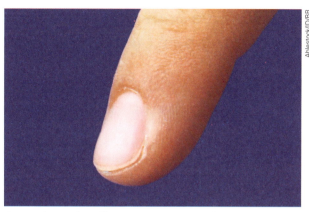

As unhas dão firmeza à ponta dos dedos e permitem coçar o corpo, por exemplo.

Somente os animais mamíferos têm pelos. Os pelos do ser humano são mais finos e curtos que os de muitos outros mamíferos. Esses pelos estão distribuídos por praticamente toda a superfície do corpo, exceto em certas regiões, como os lábios, as palmas das mãos e as plantas dos pés.

Na pele, existem estruturas chamadas **glândulas**. Algumas produzem substâncias que evitam o ressecamento da pele. Outras produzem o suor, um líquido que resfria o corpo. O suor sai do corpo pelos **poros**, pequenas aberturas que existem na superfície da pele.

Em geral, os homens apresentam mais pelos no rosto do que as mulheres.

Quando o corpo se aquece, liberamos suor. Isso pode acontecer através de várias partes do corpo, como o rosto.

1 Faça, no caderno, um quadro dividido ao meio. Em um lado escreva os nomes de todos os animais de que você se lembrar que têm pelo. No outro lado, escreva os nomes dos que não têm pelos. Compare sua tabela com a de seus colegas.

Aprender sempre

1 Observe bem as figuras a seguir. Elas mostram o braço de uma mesma pessoa em datas diferentes.

a. Que diferença você notou no braço nos dois momentos?

_____
_____
_____
_____

b. O que você acha que provocou essa diferença?

_____

c. Em qual dos momentos a pele aparece com mais melanina? Por quê?

_____
_____

d. Por que há uma região mais clara no braço da imagem à direita?

_____
_____
_____

2 Reúna-se com um colega e, juntos, observem a expressão destes meninos.

a. Que sentimentos esses meninos estão expressando?

☐ Tristeza.

☐ Medo.

☐ Alegria.

☐ Braveza.

b. A expressão dos meninos foi produzida pelos movimentos de que órgãos da face?

_____

c. Que órgão do corpo está relacionado a ter sentimentos?

☐ Rim.   ☐ Cérebro.   ☐ Estômago.

d. Com o colega, demonstre alguns sentimentos usando expressões faciais. Peça a ele que identifique os sentimentos que você está representando. Depois será sua vez de identificar as expressões dele.

3 Observe a radiografia ao lado.

■ O que ela mostra?

_____
_____

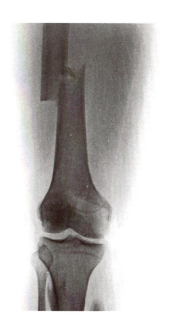

4 Observe seus colegas. Cada um tem um tom de pele, além de outras diferenças. No que você é diferente dos seus colegas? Você acha importante conviver com pessoas diferentes?

cento e onze **111**

CAPÍTULO 10
O corpo muda com o tempo

Quando ainda somos bebês não podemos ir muito longe sozinhos. Então, exploramos cada detalhe de um ambiente próximo, como o berço. Quando começamos a andar, podemos acessar outros ambientes. Assim, vivemos novas experiências. A infância, que é apenas uma das etapas da nossa vida, nos proporciona experiências diversas à medida que crescemos.

Crianças brincando de pular corda. Município de São Paulo. Foto de 2017.

- Na sua opinião, as crianças da imagem têm todas a mesma idade? Como você chegou a essa conclusão?
- O que é a infância para você?
- Você acha que todas as crianças da imagem estão vivendo a mesma fase da infância? Por quê?
- Você imagina que a experiência da infância seja a mesma para todas as crianças brasileiras? Por quê?

As fases da vida

Ao longo da vida, vivenciamos diferentes fases: a infância (do nascimento até por volta dos 11 anos), a adolescência (dos 12 aos 19 anos), a fase adulta (dos 20 aos 59 anos) e a velhice (a partir dos 60 anos).

Na **infância**, o corpo muda muito rapidamente. Quando nasce, o bebê precisa ser alimentado e cuidado por outras pessoas. Nos primeiros anos de vida, a criança aprende a andar, a falar e a expressar suas ideias e sentimentos.

Após a infância vem a **adolescência** e o corpo continua seu desenvolvimento. É uma fase de intensas mudanças físicas, emocionais e de comportamento. O adolescente geralmente age de maneira mais independente do que a criança.

Na **fase adulta**, o corpo já completou seu desenvolvimento. É nessa fase que as pessoas estão mais preparadas para assumir responsabilidades.

A fase adulta é seguida pela **velhice**. As pessoas idosas já acumularam muitas experiências ao longo da vida. Nessa etapa, o corpo pode se tornar mais frágil e menos vigoroso. Porém, cultivando hábitos saudáveis ao longo da vida, o corpo e a mente podem manter a vitalidade por muito tempo.

fase da infância

fase da adolescência

fase adulta

fase da velhice

Sabrina já foi um bebê e se desenvolveu passando por todas as fases da vida.

1 Com a ajuda do professor, leia o texto abaixo.

[...] Meu nome é Lucas e venho de uma família de pescadores. Meu bisavô era pescador, meu avô é pescador, meu tio é pescador... Minha mãe, não, minha mãe é cobreira, sabe até pegar cobra com a mão. [...]

Eu não nasci pertinho do mar. Quando eu era pequeno e ainda morava na Barra, gostava de muitas coisas, mas nunca pensei que ia me encantar com o mundo dos peixes. Com sete anos, mudei pra cá. E logo que vi o meu avô pescando, fiquei curioso. Eram tantos peixes diferentes que ele trazia, tantas as histórias que eu ouvia, tantos jeitos de pescar... Fiquei doido e comecei a estudar, a perguntar para os mais velhos, a procurar na internet e nos livros. Logo decidi o que queria ser na vida: biólogo marinho.
[...]

Ilustração do livro *Manual da criança caiçara*, representando a história de Lucas.

Marie Ange Bordas. *Manual da criança caiçara*. São Paulo: Peirópolis, 2011. p. 62.

a. Quais etapas da vida humana estão presentes na história contada por Lucas?

_____

_____

b. Circule no texto os termos que indicaram a você a resposta do item **a**.

c. De acordo com o que Lucas conta, você diria que ele é um bebê, uma criança, um adolescente ou um adulto? Por quê?

_____

_____

d. Sublinhe um trecho do texto que reforce sua resposta anterior.

Antes do nascimento

Vimos que nosso corpo muda continuamente desde que somos bebês muito pequenos. Mas, e antes de nascermos?

Dentro do corpo da mãe, o bebê muda muito. E tudo acontece bem rápido: em mais ou menos 40 semanas, ou cerca de 9 meses.

Veja abaixo algumas imagens de bebês em diferentes fases do desenvolvimento.

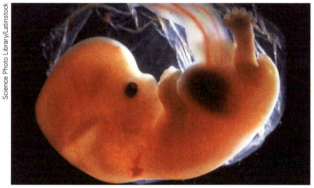

Bebê dentro do útero com cerca de 7 semanas e 3 cm de comprimento. Imagem de ultrassonografia.

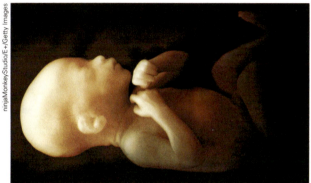

Bebê dentro do útero com cerca de 27 semanas e 40 cm de comprimento. Imagem de ultrassonografia.

Representação sem proporção de tamanho entre os elementos.

Foto de bebê recém-nascido, com cerca de 40 semanas e 50 cm de comprimento.

1 Observe as imagens acima, leia as legendas e indique pelo menos três diferenças que chamaram sua atenção no desenvolvimento do bebê até o nascimento.

Na prática

O meu corpo está mudando?

O corpo muda muito na infância. Como será que isso vem acontecendo com seu corpo? Vamos observar essas mudanças construindo uma **linha do tempo**. A linha do tempo é uma maneira de organizar, em sequência de datas, acontecimentos da vida de pessoas ou da história de lugares.

Você vai precisar de:

- fotografias de várias fases da sua infância ou imagens de revistas com crianças de diferentes idades
- uma cartolina branca
- fita adesiva
- canetas de várias cores
- cola
- tesoura de pontas arredondadas

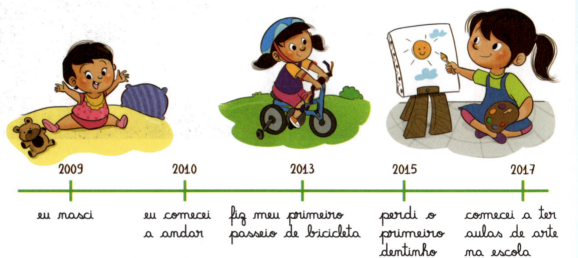

Um exemplo de linha do tempo.

Experimente

1. Com um adulto de sua família, obtenha informações sobre você desde seu nascimento até agora. Anote no caderno os acontecimentos mais importantes.
2. Reúna as imagens e as informações que você obteve.
3. Corte a cartolina ao meio, no sentido do seu maior comprimento.
4. Com a fita adesiva, cole lado a lado as duas partes da cartolina. Você deve unir os lados menores para que ela fique comprida como uma faixa.
5. Trace uma linha reta no sentido do comprimento, de ponta a ponta, dividindo a cartolina ao meio.
6. Traçando riscos, divida a linha em partes mais ou menos iguais, como se fosse uma régua.

7. Na ponta da esquerda, abaixo da linha, escreva "nascimento". Abaixo dos traços seguintes, da esquerda para a direita, escreva "1 ano", "2 anos", "3 anos", até sua idade atual.

8. Cole, na metade acima da linha, as imagens que você trouxe, de acordo com a idade.

9. Na metade abaixo da linha, escreva o principal fato de cada idade.

Responda

1. Observe as imagens que você colou na cartolina. Quais são as principais mudanças que você percebe em cada uma das etapas? Converse com os colegas sobre as mudanças que você percebeu.

2. De qual imagem você mais gostou? Por quê?

3. Por quais mudanças você acha que seu corpo ainda vai passar até chegar à idade adulta?

4. Leve sua linha do tempo para casa. Com a ajuda de um adulto da família, tente lembrar-se das brincadeiras que marcaram você em cada etapa e anote-as na linha do tempo. Guarde essa linha para uma atividade no final deste capítulo.

O tempo passa para todos os animais

Todos os animais mudam com o passar do tempo. Esponjas, estrelas-do-mar, águas-vivas, besouros, peixes, sapos, lagartos, aves e... nós. Mas será que essas mudanças são as mesmas para todos os animais? Vamos ver a seguir o desenvolvimento de alguns deles.

Como os animais mudam

O salmão

O salmão começa a se desenvolver dentro de ovos gelatinosos e sem casca, que são depositados na água de lagos, rios ou mares. Ao sair do ovo, a forma jovem vai aos poucos tendo a aparência de um adulto.

Representação sem proporção de tamanho entre os elementos.

ovos — nascimento — salmão jovem — salmão adulto

Fases da vida de um salmão.

A tartaruga marinha

As tartarugas marinhas nascem de ovos que têm casca mais firme. Eles são postos na areia das praias. Quando as tartarugas nascem, elas se direcionam para o mar, onde vivem a partir de então.

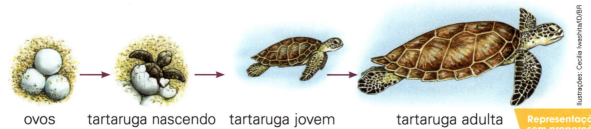

ovos — tartaruga nascendo — tartaruga jovem — tartaruga adulta

Representação sem proporção de tamanho entre os elementos.

Fases da vida de uma tartaruga marinha.

 Projeto Tamar: reprodução de tartarugas marinhas
Disponível em: <https://www.youtube.com/watch?v=hA1jgsjbd10>. Acesso em: 29 set. 2017.

O vídeo mostra eventos da reprodução das tartarugas marinhas, como a postura dos ovos e o nascimento dos filhotes.

O sapo-cururu

O sapo-cururu também começa seu desenvolvimento dentro de ovos sem casca, na água de rios ou lagos. Depois, passa pela fase de girino, na qual tem uma cauda e nada. Com o passar do tempo, as pernas se desenvolvem e a cauda diminui até desaparecer. Quando adulto, o sapo-cururu vai para a terra firme.

Representação sem proporção de tamanho entre os elementos.

ovos — girino — girino com pernas e cauda — sapo jovem — sapo adulto

Fases da vida de um sapo-cururu.

O beija-flor

Os beija-flores nascem de ovos de casca dura, dentro de ninhos. Assim que nascem, eles não têm penas e precisam ser alimentados e cuidados pelas mães. Com o tempo, as penas crescem, os jovens aprendem a voar e assumem a forma adulta.

Representação sem proporção de tamanho entre os elementos.

ovos no ninho — beija-flores recém-nascidos — beija-flores jovens alimentados pela mãe — beija-flor adulto

Fases da vida de um beija-flor.

1 Desenhe, em uma folha de papel sulfite, as etapas do desenvolvimento de um ser humano. Faça parecido com as figuras desta página e da anterior.

2 Discuta com os colegas as semelhanças e as diferenças entre as etapas do desenvolvimento humano e as de outros animais.

cento e dezenove 119

Vamos ler imagens!

Pictogramas

Você sabe o que é um pictograma? Talvez você não saiba, mas já deve ter visto alguns. Pictogramas são figuras simples que transmitem informações. Eles são uma forma de comunicação rápida, que não usa palavras e que pode ser compreendida por muitas pessoas, mesmo as que falam outras línguas ou que não sabem ler.

Alguns pictogramas seguem um padrão internacional, e são iguais em todo o mundo. É o caso do símbolo internacional de acesso, adotado por diversos países, inclusive o Brasil, desde 1985. Ele identifica locais acessíveis a pessoas com deficiência ou mobilidade reduzida e corresponde ao desenho simplificado de uma pessoa em uma cadeira de rodas, que está sempre voltada para a direita. Veja ao lado.

Símbolo internacional de acesso.

Além desse, existem outros símbolos de acessibilidade que indicam pessoas com diferentes necessidades. É comum encontrar esses símbolos em transportes públicos, indicando assentos preferenciais, ou em diferentes estabelecimentos, indicando atendimento preferencial. Veja alguns desses símbolos ao lado.

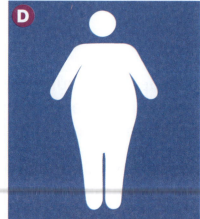

Agora é a sua vez

1 Você já viu os símbolos da página anterior indicados com **B**, **C**, **D** e **E**? Onde?

_____

2 Você sabe o que cada símbolo representa? Como você chegou a essa conclusão?

_____

_____

3 Entre esses símbolos, cite um que represente cada uma das fases da vida indicadas abaixo.

a. Velhice: _____

b. Infância: _____

c. Adulto: _____

4 Que outros pictogramas você conhece? Faça um desenho e explique o que eles indicam.

Aprender sempre

1 O esquema a seguir mostra as etapas de desenvolvimento de uma vaca. Associe corretamente os nomes das etapas com as figuras.

| vaca adulta | bezerro jovem | bezerro recém-nascido | vaca jovem |

_____   _____   _____   _____

2 Observe a figura.

a. Escreva quantas crianças e quantos adolescentes, adultos e idosos há na figura.

_____

_____

_____

b. Descreva a pessoa que tem a idade mais próxima da sua.

_____

_____

3 Em sua família, há pessoas idosas? Como você se relaciona com elas? Comente com os colegas.

4 Reúna-se com dois colegas e retomem a linha do tempo que vocês fizeram na seção *Na prática*. Conversem sobre as principais brincadeiras que marcaram a infância de cada um.

5 Leia o texto abaixo e responda às questões a seguir.

Não tem jeito, chega uma hora em que todo mundo fica banguela! Lá por volta dos seis anos, caem os dentes de leite e começam a nascer os permanentes, que vão te acompanhar pelo resto da vida, se bem tratados. A troca de dentes é um sinal de que você está crescendo, mas gera muitas dúvidas. [...]

[...]

Se o dente de leite ainda não tiver caído até os seis anos, pode significar algum problema?

Fique tranquilo! Normalmente, os primeiros dentes caem por volta dessa idade, mas há crianças que começam a trocar os dentes com quatro anos e outras que só exibem a janelinha com mais de sete anos. Isso é normal. Quanto mais cedo tiverem nascido os seus dentes de leite, mais cedo eles vão cair [...].

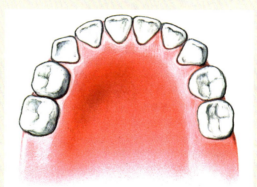

Representação dos dentes de leite superiores.

Sofia Moutinho. Dossiê dentes de leite. *Ciência Hoje das Crianças,* 12 jul. 2010. Disponível em: <http://chc.cienciahoje.uol.com.br/dossie-dentes-de-leite/>. Acesso em: 27 set. 2017.

a. Você está com algum dente mole? Algum dente seu já caiu?

b. Olhe-se no espelho com a boca aberta. Quantos dentes você tem?

6 Você já mudou muito desde que nasceu. Converse com um colega sobre essas mudanças e depois escreva:

a. algo que você faz agora mas não fazia com 1 ano de idade.

b. algo que você vai poder fazer quando se tornar adulto.

CAPÍTULO 11

Os materiais que nos cercam

De repente cai uma chuva bem forte e o ponto de ônibus não tem cobertura. Observe como as pessoas da cena abaixo se protegeram numa situação como essa.

▶ As pessoas da figura usaram diferentes objetos para tentar se proteger da chuva. Que objetos são esses? De que material eles são feitos?

▶ Quem se molhou menos? Por quê?

▶ Você já passou por uma situação parecida com a mostrada na figura? Como você se protegeu da chuva?

Tipos de material

Todos os objetos que usamos são feitos de algum material. Muitas vezes, mais de um material é necessário para produzir um único objeto.

Muitos materiais vêm das plantas, dos animais ou do solo, isto é, não são fabricados pelo ser humano. Esses materiais são chamados **materiais naturais**. A lã proveniente do pelo das ovelhas é um material natural usado para produzir roupas.

Algodoeiro, planta da qual é retirado o algodão. O algodão é um material natural.

Os materiais fabricados pelo ser humano são chamados **materiais artificiais**. Plástico, papel e vidro são materiais artificiais. A produção deles permitiu a obtenção de uma imensa variedade de objetos. Em uma refeição, por exemplo, podemos usar panelas, talheres, copos e pratos feitos de materiais artificiais.

Granito, um material natural, é uma rocha retirada do solo.

Parque infantil com brinquedos feitos de materiais naturais, como madeira e sisal, e materiais artificiais, como borracha e plástico.

Materiais do dia a dia

Alguns materiais comuns em nosso dia a dia são a argila, os metais, o plástico e o vidro.

Argila

A argila é conhecida popularmente como **barro** e foi um dos primeiros materiais usados pela humanidade. Por ser fácil de obter e ser flexível, era modelada com as mãos e depois colocada em uma fogueira ou no forno para endurecer. Depois de cozida, a argila passa a ser chamada de **cerâmica**.

Utensílios, como tigelas e panelas, foram e ainda são fabricados desse modo. Porém, com o passar do tempo, muitos objetos de cerâmica, como telhas, tijolos e pisos, começaram a ser produzidos em indústrias. A cerâmica também é muito usada em obras de arte.

Algumas moradias brasileiras são construídas com argila, como as casas de **pau a pique**. Nesses casos, o barro é deixado ao relento para secar naturalmente, à temperatura ambiente.

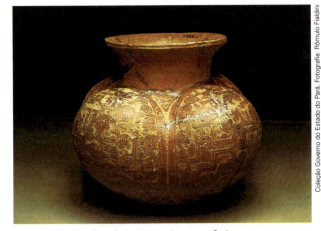

Vaso de cerâmica marajoara, feito por indígenas da ilha de Marajó, no Pará. É considerada a arte em cerâmica mais antiga do Brasil.

O barro é usado para construir casas de pau a pique. Rosário, Maranhão. Foto de 2012.

Os tijolos de cerâmica fabricados em olarias são usados em construções variadas. Fábrica localizada em Patrocínio, Minas Gerais. Foto de 2014.

Metais

Na natureza existem vários tipos de metais: ouro, ferro, alumínio, entre outros. A maior parte deles é encontrada em rochas.

Para obter o metal, as rochas que contêm elementos como o ferro, por exemplo, são **trituradas** e aquecidas a temperaturas muito altas.

Nas usinas siderúrgicas, locais em que esse processo ocorre, o metal é derretido e colocado em fôrmas para compor barras e chapas. Nas fábricas, as chapas de metal são transformadas em vários tipos de objetos.

Triturado: moído ou quebrado em pedaços pequenos.

Latas são fabricadas a partir de chapas de metal produzidas nas usinas siderúrgicas.

Extração de ferro em Congonhas, Minas Gerais. Foto de 2014.

Placa de aço saindo do forno em uma usina siderúrgica. Santa Cruz, Rio de Janeiro. Foto de 2014.

Vidro

O vidro é obtido de uma mistura de areia e alguns outros materiais. Essa mistura é então aquecida a altas temperaturas, até derreter. Nessa etapa, o vidro é flexível e pode ser moldado. Ele, então, endurece quando esfriado, adquirindo o formato desejado pelo fabricante.

Peças como garrafas, janelas, lentes de óculos e lupas são produzidas dessa maneira.

Peça de vidro sendo moldada.

Plástico

A maioria dos plásticos é produzida a partir do petróleo. O petróleo é um líquido oleoso e escuro encontrado em rochas profundas do solo. Sua formação ocorre com a deposição, no fundo de lagos e mares, de restos de animais, plantas e microrganismos que morreram há milhões de anos.

Objetos de plástico usados no dia a dia.

O plástico pode ser moldado de várias formas, dando origem a muitos objetos comuns do nosso cotidiano. Por ser resistente, barato e leve, é usado na fabricação de muitos objetos que antigamente eram feitos de metal ou vidro.

Além do plástico, o petróleo também é usado para produzir gasolina, óleo *diesel*, querosene, asfalto e outros produtos. Certos tipos de tecido, como o náilon e o poliéster, também são feitos a partir do petróleo.

1 Observe as figuras e faça o que se pede.

- Identifique os materiais de que são feitos os objetos e pinte os quadrinhos de acordo com a legenda.

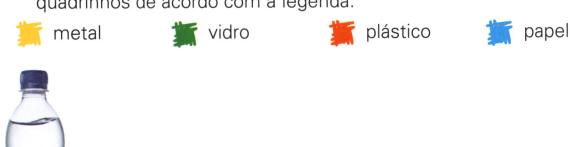

Na prática

O som dos objetos

Será que diferentes materiais produzem sons diferentes? Vamos descobrir a resposta após a realização da atividade abaixo.

Você vai precisar de:

- folhas de papel-alumínio
- tampas de panela de diferentes tamanhos
- colheres de pau
- garrafas PET
- recipientes de plástico
- canos de PVC
- 2 tigelas
- água

Experimente

1. Use as mãos para explorar os sons produzidos por cada objeto: agite-os, bata um objeto no outro ou no chão, assopre, raspe, etc.

2. Coloque água em uma das tigelas, bata em ambas com as colheres de pau e compare os sons produzidos.

3. Faça o mesmo com as garrafas PET e os recipientes de plástico.

Responda

1. O que você percebeu ao explorar os sons produzidos pelos objetos? Responda no caderno.

2. O que você percebeu é diferente do que esperava? Por quais motivos? Converse com os colegas e o professor.

3. Alguns dos sons que você produziu lembram sons da natureza? Se sim, quais deles? Descreva no caderno.

Os materiais e a água

Para nos mantermos secos em dias chuvosos é muito importante escolher o que usar. Você se lembra da situação apresentada na abertura deste capítulo? Nela, cada pessoa usou um material diferente para se proteger da chuva.

O jornal é feito de papel e, ao entrar em contato com a água, ele deforma, desfazendo-se em pedaços. A blusa é feita de algodão, que, em contato com a água, fica encharcado. O guarda-chuva e as galochas são feitas de plástico, material que, mesmo em contato com a água, não muda sua aparência ou característica.

A diferença entre esses materiais é a possibilidade da passagem, no caso, da água através deles, ou seja, sua **permeabilidade**.

- **Materiais impermeáveis** são aqueles que não permitem a passagem de outros materiais, em geral líquidos ou gases, através de seus poros.
- **Materiais permeáveis** são aqueles que permitem a passagem de outros materiais, no exemplo a água, através de seus poros.

1 Observe a imagem abaixo e responda às questões no caderno.

a. Cite um objeto da imagem feito de material impermeável. Por que é importante que esse objeto seja impermeável?

b. De que material pode ser feito o banco à direita da imagem, para evitar que ele fique enxarcado?

Na prática

Permeável ou impermeável?

A água atravessa alguns materiais, mas é bloqueada por outros. Você acha que todos os materiais listados abaixo têm a mesma permeabilidade? Vamos fazer um teste.

Você vai precisar de:

- sacola plástica
- papel sulfite usado, folha de jornal
- tecido de algodão
- moeda
- casca de laranja
- conta-gotas com água

Experimente

1. Coloque os materiais sobre uma superfície que possa ser molhada (como uma mesa de plástico).
2. Individualmente, pingue uma gota de água sobre cada material e observe o que acontece.

Responda

1 Quais materiais são permeáveis à água?

2 Quais materiais são impermeáveis à água?

3 Como você identificou quais materiais eram permeáveis e quais eram impermeáveis neste teste?

4 Com suas palavras, explique o que é permeabilidade.

Os materiais e a luz

Imagine que você está pronto para dormir e se lembra de pegar algo em seu quarto escuro. Você deve ter percebido que é bem difícil encontrar objetos quando há muito pouca luz no ambiente. Mas por quê? Isso ocorre porque, para que possamos ver os objetos, a luz tem de chegar a eles, ser rebatida (**refletida**) e então chegar aos nossos olhos.

Os espelhos são objetos especiais porque o material de que são feitos recebe um tratamento que possibilita aos espelhos refletir praticamente toda a luz que chega até eles. Por isso conseguimos ver nossa imagem refletida em um espelho.

De acordo com o modo como interagem com a luz, os materiais são classificados como:

Os espelhos refletem toda a luz que chega até eles.

- **Opacos:** absorvem uma parte da luz e refletem outra parte. Por isso, não enxergamos o que está atrás deles. Também por isso eles formam sombra.
- **Transparentes:** deixam a luz passar sem interferir muito na direção dela. Por isso, podemos enxergar através dos materiais transparentes.
- **Translúcidos:** deixam os raios de luz passar, mas afetam a direção deles de forma que não se pode ver com clareza o que está do outro lado.

> **Ciência dentro de casa**
> Disponível em: <http://chc.org.br/ciencia-dentro-de-casa/>. Acesso em: 25 out. 2017.
> Nesse *link,* você pode acessar uma brincadeira divertida relacionada a como os materias interagem com a luz.

Na prática

A luz e os objetos

O que você acha que deve ocorrer com a luz ao atingir cada um dos objetos listados abaixo? Vamos verificar?

Você vai precisar de:
- 1 espelho pequeno
- 1 copo de plástico transparente com água
- papel-manteiga
- 1 pedaço de papelão

Experimente

1. Em um ambiente bem iluminado, observe como a luz se comporta em relação a cada objeto. Verifique se é possível ver através do objeto com clareza ou não.
2. Observe também a formação de sombras.

Responda

1. O que você observou para cada objeto neste experimento? Suas suposições estavam corretas?

2. De acordo com o experimento, vimos que o espelho _____ toda a luz que chega até ele. Podemos também dizer que o papelão é _____, que o copo é _____ e que o papel-manteiga é _____.

3. Observe a foto ao lado. Como é possível ver os peixes em um aquário?

_____
_____
_____
_____
_____

Criança observa peixes em um aquário.

Pessoas e lugares

A cerâmica da Serra da Capivara

O povoado **sertanejo** de Barreirinho está situado no Município Coronel José Dias, no estado do Piauí, na área do entorno do Parque Nacional da Serra da Capivara. Veja a localização do Parque no mapa ao lado.

Assim como em outros povoados sertanejos, a população de Barreirinho convive com um período do ano, em geral entre os meses de outubro e fevereiro, em que chove muito pouco, o que torna o solo seco e a água, escassa. Assim, no período de seca, é difícil produzir nos campos de cultivo ou desenvolver a criação de animais.

Em 1994, a arqueóloga Nième Guidon idealizou e criou, com a população local, uma pequena fábrica de cerâmica instalada em Barreirinho. A fábrica tornou-se uma alternativa importante de renda para muitas famílias do povoado. Além disso, o desenvolvimento de atividades ligadas ao parque ajuda a preservar suas riquezas porque reduz a pressão sobre os recursos naturais exercida por práticas como a caça, o desmatamento e a ocupação ilegal. Esses fatores, em conjunto, aumentam a qualidade de vida da sociedade local. E ao povoado de Barreirinho é dado o direito de participar das questões relativas ao parque.

Piauí: localização do Parque Nacional da Serra da Capivara – 2017

Fonte de pesquisa: *Meu 1º. atlas*. Rio de Janeiro: IBGE, 2012. p. 110

Paisagem na região do Parque Nacional da Serra da Capivara. Foto de 2015.

Sertanejo: relativo ao sertão nordestino, que abrange o interior dos estados de Alagoas, Bahia, Ceará, Maranhão, Paraíba, Pernambuco, Piauí, Rio Grande do Norte e Sergipe.

Os artesãos da fábrica de cerâmica produzem peças que têm a argila, abundante recurso na região, como matéria-prima.

A fonte de inspiração dos artesãos de Barreirinho são as pinturas rupestres do Parque Nacional da Serra da Capivara. Feitas na rocha, as pinturas são vestígios dos povos que viveram lá há muitas centenas de anos. Elas retratam animais, pessoas, cenas de caça e de batalhas.

Os artesãos modelam a argila até ela tomar a forma de objetos, como pratos, xícaras e enfeites, ou como o vaso que aparece nessa foto feita na fábrica de Barreinho, em 2015.

Pintura antiga em rocha representando animais. Parque Nacional da Serra da Capivara. Foto de 2015.

A mesma pintura foi reproduzida nessa peça de cerâmica feita na fábrica de Barreirinho. Foto de 2015.

1. Que material é usado na confecção dos objetos artesanais da fábrica da Serra da Capivara? Quais são as características desse material?

2. O que mudou na vida das famílias de Barreirinho com a instalação da fábrica de cerâmica?

3. De que maneira a instalação da fábrica de cerâmica ajuda na preservação do Parque Nacional da Serra da Capivara?

Aprender sempre

1 Circule os objetos feitos de materiais naturais e faça um **X** nos objetos feitos de materiais artificiais. Escreva o nome do material de que é feito cada um dos objetos.

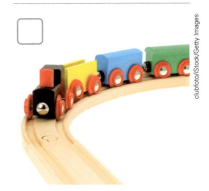

2 Observe os objetos abaixo. Em seguida, complete as lacunas do texto.

A _____ é feita de metal e pode ser reciclada.

A cadeira é feita de _____, enquanto o prato é

feito de _____. Também é possível usar

o _____ para fazer todos esses objetos. Esse material

é leve e resistente.

3 Imagine um objeto que possa ser composto de dois materiais diferentes e complete a ficha a seguir.

Nome do objeto: _____

Nome dos materiais de que ele é feito: _____
_____

Associe os materiais da composição com a função do objeto: ___
_____

Desenhe o objeto que você imaginou.

4 Vidro, papel, plástico e alumínio são alguns materiais que podem ser reciclados. Pesquise o que é reciclagem. Em seguida, responda se você acha importante reciclar o lixo e por quê.

_____
_____
_____
_____

CAPÍTULO 12
Invenções

Observe a transformação do avião desde que foi inventado e converse com os colegas.

- Que diferenças e semelhanças existem entre esses três modelos de avião?

- O modelo construído em 1906 é o 14-Bis. Ele era feito de bambu e tecido. Os aviões atualmente são feitos com os mesmos materiais do 14-Bis?

- O avião tornou-se um meio de transporte usado para atravessar grandes distâncias. Que outros meios de transporte você conhece?

De onde vêm as invenções?

Diariamente, pessoas do mundo todo usam objetos que foram inventados por alguém. Os aviões mostrados na abertura deste capítulo são exemplos de invenções. E, como vimos, mesmo depois de prontos, os inventos continuam sendo melhorados e aperfeiçoados ao longo do tempo.

O lápis, a bicicleta, o telefone e o computador são outros exemplos de invenções.

1 Leia o texto a seguir.

O picolé foi inventado por acaso em 1905, na cidade de São Francisco, nos Estados Unidos. Era uma noite muito fria, e Frank Epperson, um menino de 11 anos de idade, esqueceu ao ar livre um copo cheio de suco de frutas com uma vareta dentro. No dia seguinte, o suco estava congelado, e a vareta, presa no gelo. Foi assim que surgiu o picolé.

Fonte de pesquisa: Frank Epperson. Instituto de Tecnologia de Massachusetts. Disponível em: <http://lemelson.mit.edu/resources/frank-epperson>. Acesso em: 24 maio 2017.

a. Quantos anos tinha o menino que inventou o picolé?

b. Essa invenção poderia ter acontecido dessa mesma forma em uma região quente? Explique.

 As invenções de Santos Dumont
Disponível em: <https://infograficos.oglobo.globo.com/sociedade/santos-dumont.html>. Acesso em: 16 nov. 2017.

Página dedicada ao brasileiro Alberto Santos Dumont e suas invenções, com informações, fotos e vídeos. É possível baixar um modelo (para papel) reduzido e montar sua invenção mais conhecida: o 14-Bis.

As invenções que usamos no dia a dia

As invenções podem ajudar a resolver problemas do dia a dia ou facilitar a realização de algumas tarefas. Veja a seguir alguns exemplos de invenções e suas aplicações.

As invenções e a alimentação

Em uma cozinha é possível encontrar muitas invenções. Garfo, colheres, copos e tigelas são exemplos.

Há também inventos mais complexos, como o fogão a gás, que permite que os alimentos sejam cozidos com mais facilidade do que nos fogões a lenha.

O fogão a lenha precisa ser instalado em uma área aberta da casa, por causa da liberação da fumaça na queima da madeira.

Já a geladeira é uma invenção que permite conservar os alimentos estocados por mais tempo. Isso é importante principalmente na conservação de alimentos frescos ou que têm pouca adição de conservantes em sua composição.

Antes da invenção da geladeira, um método de conservação comum era o uso do sal e da gordura animal.

A geladeira ajuda a manter os alimentos frescos.

As invenções e a comunicação

A **escrita** foi uma importante invenção humana. Ela permite uma comunicação eficiente entre as pessoas e também o registro de informações, que podem ser acessadas ao longo de muitas gerações.

Entre os tipos de **meios de comunicação** temos, por exemplo, os livros, os jornais, as revistas, o rádio, a televisão.

Atualmente, dispomos de muitas invenções que nos ajudam ainda mais na comunicação.

Os computadores e os celulares são meios usados tanto para armazenar e acessar uma quantidade enorme de informações quanto para nos comunicarmos com outras pessoas. Com esses aparelhos, podemos dispor de vídeos, textos escritos, animações, fotos, etc.

É possível conversar a distância por telefone.

Um computador conectado à internet permite mandar mensagens para as pessoas.

1. Ainda hoje existem alimentos que são conservados usando técnicas como a adição de sal. Você conhece algum desses alimentos? Converse com os colegas.

2. Antes da invenção da internet e dos celulares, as pessoas se comunicavam trocando cartas. Entreviste um adulto de mais de 60 anos para saber como era a comunicação na época em que ele tinha sua idade e qual era o tempo envolvido no processo. Depois, compartilhe as informações com os colegas.

 As invenções dos brasileiros
Disponível em: <https://plenarinho.leg.br/index.php/2017/01/25/as-invencoes-dos-brasileiros/>. Acesso em: 30 out. 2017.

Acesse o *link* para conhecer algumas das importantes invenções históricas que foram feitas por cidadãos brasileiros.

As invenções e os meios de transporte

Entre os **meios de transporte** há também muitas invenções. Meio de transporte é aquilo que é usado para levar pessoas e objetos de um lugar para outro. Antes da invenção dos motores, o transporte era realizado principalmente por animais, com ou sem carroças, ou por barcos movidos pelo vento. Depois surgiram os meios de transporte movidos a motor, como os carros e os ônibus.

Os meios de transporte podem ser **terrestres**, como os carros, **aéreos**, como os aviões, ou **aquáticos**, como os navios.

Navios são exemplos de meio de transporte aquático. Já o caminhão é um meio de transporte terrestre. Porto localizado em Qingdao, China. Foto de 2014.

Aviões são meios de transporte aéreo que têm o fluxo organizado em aeroportos, como o de Brasília. Foto de 2014.

Apesar de serem mais rápidos e seguros, os meios de transporte movidos a motor poluem o ar ao queimar combustíveis. Além da poluição do ar, eles são responsáveis pela poluição sonora das cidades.

O trânsito de veículos atinge a cidade como um todo. O uso dos transportes públicos auxilia na diminuição da poluição sonora e também da poluição do ar. Cidade de São Paulo. Foto de 2017.

As invenções e a energia elétrica

Na natureza, **fenômenos elétricos** podem ser observados nos raios que vemos durante tempestades, por exemplo.

Atualmente, muitas invenções usam a energia elétrica como fonte de energia.

No Brasil, a maior parte da energia elétrica é obtida em usinas hidrelétricas. A energia elétrica produzida nessas usinas chega às casas, às fábricas e às escolas, por exemplo, por meio de uma rede de transmissão.

Cidade de São Caetano do Sul, em São Paulo, iluminada por energia elétrica e sendo atingida por raio em 2015.

Os **aparelhos elétricos** conectados a tomadas, como, televisores e geladeiras, são invenções que funcionam com energia elétrica.

Mas, além de todos os benefícios, a energia elétrica usada para iluminação pode causar poluição luminosa nas grandes cidades. Animais com hábitos noturnos podem se sentir desorientados com o excesso de

A usina hidrelétrica de Itaipu foi construída no rio Paraná, na cidade de Foz do Iguaçu, Paraná. Foto de 2014.

luminosidade à noite, o que pode prejudicar o modo de vida deles. As pessoas, por sua vez, podem sofrer com sintomas como dor de cabeça, sonolência e cansaço visual. Além disso, a poluição luminosa dificulta a observação dos corpos celestes no céu noturno.

3 No caderno, faça uma lista de pelo menos quatro aparelhos elétricos conectados a tomadas que você usa no cotidiano. Como seria o seu dia se nenhum desses aparelhos funcionasse por falta de energia? Converse com os colegas e o professor.

Modos de produção

De acordo com a maneira como é fabricado, um produto inventado pode ser **artesanal** ou **industrializado**.

A produção artesanal

A produção artesanal é aquela que é feita, em geral, em estabelecimentos relativamente pequenos. É uma produção em **pequena escala**, ou seja, que resulta em poucas peças em um determinado intervalo de tempo quando em comparação à produção industrial.

Homem produzindo tecido com fios trançados em equipamento manual. Baixeiro da Mata, Campo Grande, Mato Grosso. Foto de 2015.

A fabricação de cada produto artesanal envolve poucas pessoas, muitas vezes até um único artesão. Usando apenas as próprias mãos ou ferramentas relativamente simples, o artesão geralmente sabe fazer o objeto do começo ao fim, isto é, conhece todas as etapas de produção.

As peças artesanais costumam apresentar ligeiras diferenças entre elas, como consequência da produção mais dependente da manipulação humana direta.

1 Observe a imagem desta página e responda:

a. Que elementos da imagem indicam que está sendo mostrada uma produção artesanal?

b. Qual é o produto que está sendo produzido?

c. Você possui algum produto feito artesanalmente? Em caso afirmativo, sabe como e onde ele foi produzido?

A produção industrial

A produção industrial acontece, em geral, em espaços amplos onde muitas pessoas trabalham usando máquinas complexas: são as **fábricas** ou **indústrias**. É um tipo de produção em **larga escala**, ou seja, onde muitas peças são fabricadas em um pequeno intervalo de tempo.

Trabalhadora operando teares em uma fábrica de tecidos em Amparo, São Paulo, em 2015. Nessa foto, é possível ver a máscara de proteção da trabalhadora.

Na produção industrial, muitas pessoas trabalham para fazer um único produto e cada uma delas é responsável por uma etapa sequencial da fabricação do objeto, sistema que é conhecido como **produção em série**. Por exemplo, em uma indústria de automóveis, existem funcionários responsáveis apenas pela pintura dos carros nas etapas finais de produção. A produção em série resulta em peças muito parecidas entre si.

Além do trabalho humano, as fábricas contam com o trabalho de máquinas variadas. Grande parte dessas máquinas é manipulada por pessoas, que, para evitar acidentes, devem usar equipamentos de proteção.

2 Observe novamente a imagem, acima, da funcionária em uma fábrica de tecidos. Quais são as diferenças entre a produção realizada dessa maneira e a que é mostrada na imagem da página 144? Responda no caderno.

3 A foto a seguir mostra a produção de peças moldadas em vidro. Essas peças são artesanais ou industrializadas? Explique.

Foto de um trabalhador em uma fábrica de vidro.

Vamos ler imagens!

Fotografias aéreas

As **fotografias aéreas** mostram um local visto do alto. Em geral, elas são feitas com câmeras especiais posicionadas em aviões, balões e drones, por exemplo.

Veja um exemplo de foto aérea mostrada a seguir.

Vista aérea de Paranavaí, Paraná, em 2017.

Observe que a foto aérea disponibiliza um recorte do ambiente visto exatamente **de cima para baixo**. Assim, é possível ver principalmente a **parte de cima dos elementos** da foto, como a copa das árvores, o telhado das casas e a parte de cima dos veículos.

Além disso, como é uma imagem feita do alto, distante do chão, os componentes da foto parecem ter **tamanho menor** do que se fossem vistos do nível do chão (as casas, as árvores, os veículos, etc.). Vê-se também a distribuição das ruas, semelhante à representação de um mapa.

Algumas informações sobre a imagem também podem estar detalhadas na legenda.

Agora é a sua vez

1. Observe a fotografia a seguir e responda às questões no caderno.

Foto aérea obtida de uma câmera posicionada em um drone mostrando canteiros de hortaliças ao lado da rodovia Bunjiro Nakao, Ibiúna, São Paulo. Foto de 2017.

a. Que elementos você identifica na fotografia?

b. Que partes dos elementos você consegue ver? Cite exemplos.

c. Que local está representado nessa imagem? Justifique explicando como chegou a essa resposta.

d. Que informações você obteve por meio da legenda da imagem?

2. Que vantagens você acha que esse tipo de imagem tem em relação a uma foto feita no chão? E que desvantagens ela apresenta? Responda usando as fotografias desta seção como exemplo.

Aprender sempre

1 As fotos abaixo mostram como um objeto era antigamente e como ele é agora.

a. Qual é o nome desse objeto?

_____

b. Qual das fotos mostra o objeto que utiliza energia elétrica para funcionar?

_____

2 Leia o texto a seguir e responda ao que se pede.

> [...] Algumas latas de refrigerante são feitas de um metal chamado alumínio. Ele é muito importante para nós.
> Precisamos do alumínio para fazer aviões, automóveis, bicicletas e muitos artigos domésticos, não apenas para as latas de refrigerante.

The Earth Works Group. *50 coisas simples que as crianças podem fazer para salvar a Terra.* 16. ed. Rio de Janeiro: José Olympio, 2010. p. 26-27.

a. De qual tipo é o processo de fabricação da lata de refrigerante?

_____

b. Que outros produtos são citados no texto? Qual é o tipo de processo de fabricação desses produtos?

_____

_____

_____

3 Assinale com um **X** as fotografias que mostram invenções dos seres humanos.

4 Observe a imagem ao lado e responda:

a. Que invenções presentes nessa ilustração produzem som?

_____

_____

b. E quais invenções produzem luz?

_____

_____

c. Quais hábitos são necessários para a manutenção da saúde auditiva e visual no uso das invenções citadas nos itens **a** e **b**?

_____

_____

_____

Sugestões de leitura

Almanaque dos astros, de Rosane Pamplona. Editora Moderna.

O livro traz uma maneira divertida de conhecer melhor os astros do Universo, elementos tão distantes e ao mesmo tempo fascinantes.

Passeio por dentro da Terra, de Samuel Murgel Branco. Editora Moderna.

Com esse livro, você vai poder se aprofundar no estudo de algumas características do planeta em que vivemos, como a dinâmica da formação das paisagens naturais (montanhas, mares, ilhas, etc.).

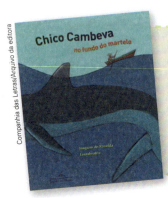

Chico Cambeva no fundo do martelo, de Joaquim de Almeida. Companhia das Letrinhas.

Ao fisgar, sem querer, um tubarão-martelo, o pescador Chico inicia uma grande aventura nas profundezas do oceano. Durante o caminho, ele percebe a necessidade de preservar o mar e os seres que vivem lá.

Plantas do Brasil, de Gabriela Brioschi. Editora Odysseus.

Acompanhe as descobertas de Flora, uma menina apaixonada por plantas. Você vai conhecer uma planta brasileira para cada letra do alfabeto.

A arara e o guaraná, de Ana Maria Machado. Editora Ática.

Essa obra conta a história de uma arara que adora guaraná e esconde esse fruto dos outros animais, enterrando-o. Depois de um tempo, a arara tem uma surpresa.

Sabores da América, de Ana María Pavez e Constanza Recart. Edições SM.

Nesse livro, você vai conhecer alguns dos alimentos – como milho, feijão, chocolate e mamão – que eram consumidos na América antes da chegada dos europeus ao continente americano.

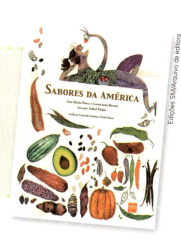

É assim que eu sou, de Pierre Winters. Editora Brinque-Book.

Com esse livro, por meio de muitas ilustrações e de forma divertida, você vai tirar suas dúvidas sobre o corpo humano.

30 conceitos essenciais para crianças: invenções, de Mike Goldsmith. Editora Publifolha.

Esse livro apresenta trinta invenções que mudaram o cotidiano da vida humana e vão incentivar seu gosto pela ciência.

Bibliografia

BARNES, R. D.; RUPPERT, E. E.; FOX, R. S. *Zoologia dos invertebrados*. 7. ed. São Paulo: Roca, 2005.

BRASIL. Ministério da Educação. Conselho Nacional de Educação. *Diretrizes curriculares nacionais para o Ensino Fundamental de 9 (nove) anos*. Parecer CNE/CEB n. 11/2010. Brasília: CNE-CEB-MEC (versão aprovada em 7 jul. 2010).

_____. Secretaria de Educação Básica. *Base nacional comum curricular*: educação é a base. Brasília: MEC, 2017.

_____. Secretaria de Educação Fundamental. *Parâmetros curriculares nacionais*: ciências naturais. 2. ed. Rio de Janeiro: DP&A, 2000.

_____. Secretaria de Educação Fundamental. *Parâmetros curriculares nacionais*: meio ambiente e saúde. 2. ed. Rio de Janeiro: DP&A, 2000.

_____. Secretaria de Educação Fundamental. *Parâmetros curriculares nacionais*: pluralidade cultural. 2. ed. Rio de Janeiro: DP&A, 2000.

CAMPOS, M. C. C.; NIGRO, R. G. *Teoria e prática em ciências na escola*: o ensino-aprendizagem como investigação. São Paulo: FTD, 2009.

DELIZOICOV, D.; ANGOTTI, J. A.; PERNAMBUCO, M. M. *Ensino de ciências*: fundamentos e métodos. 3. ed. São Paulo: Cortez, 2009.

FARIA, R. P. *Fundamentos da astronomia*. 10. ed. Campinas: Papirus, 2009.

GASPAR, A. *Experiências de ciências para o Ensino Fundamental*. São Paulo: Ática, 2005.

GOMES, M. V. *Educação em rede*: uma visão emancipadora. São Paulo: Cortez-Instituto Paulo Freire, 2004.

JOLY, A. B. *Botânica*: introdução à taxonomia vegetal. São Paulo: Companhia Editora Nacional, 1993.

LORENZI, H. *Árvores brasileiras*. Nova Odessa: Instituto Plantarum, 2009.

_____; SOUZA, H. M. *Plantas ornamentais no Brasil*. Nova Odessa: Instituto Plantarum, 2008.

NEVES, D. P. et al. *Parasitologia humana*. 12. ed. Rio de Janeiro: Atheneu, 2011.

NICOLINI, J. *Manual do astrônomo amador*. 4. ed. Campinas: Papirus, 2004.

PERRENOUD, P. *As competências para ensinar no século XXI*. Porto Alegre: Artmed, 2007.

PRESS, F. et al. *Para entender a Terra*. 4. ed. São Paulo: Bookman, 2006.

RAVEN, P. H.; EVERT, R. F.; EICHHORN, S. E. *Biologia vegetal*. 8. ed. Rio de Janeiro: Guanabara Koogan, 2014.

REES, M. (Org.). *Universe*. London: Dorling Kindersley, 2012.

RIBEIRO-COSTA, C. S.; ROCHA, R. M. (Org.). *Invertebrados*: manual de aulas práticas. 2. ed. Ribeirão Preto: Holos, 2006.

SCHMIDT-NIELSEN, K. *Fisiologia animal*: adaptação e meio ambiente. 5. ed. São Paulo: Santos Editora, 2002.

SICK, H. *Ornitologia brasileira*. Rio de Janeiro: Nova Fronteira, 2001.

SOBOTTA, J. *Atlas de anatomia humana*. 23. ed. Rio de Janeiro: Guanabara Koogan, 2013.

SOCIEDADE BRASILEIRA DE ANATOMIA. *Terminologia anatômica*. Barueri: Manole, 2001.

TEIXEIRA, W. (Org.). *Decifrando a Terra*. 2. ed. São Paulo: Ibep-Nacional, 2008.

TORTORA, G. J.; DERRICKSON, B. *Corpo humano*: fundamentos de anatomia e fisiologia. 10. ed. Porto Alegre: Artmed, 2016.

VANCLEAVE, J. P. *Astronomy for every kid*. New York: John Wiley & Sons, 1991.

WINSTON, R. *Body*: an amazing tour of human anatomy. London: Dorling Kindersley, 2005.

ZABALA, A. *A prática educativa*. Porto Alegre: Artmed, 1998.

Destacar e jogar

Página 43 › **Atividade 4: Jogo dos vertebrados**

Destacar e jogar

Página 43 › **Atividade 4: Jogo dos vertebrados**

Destacar e jogar

Página 43 › **Atividade 4: Jogo dos vertebrados**

Destacar e colar

Página 67 › **Atividade 1**